Inhalt

Einführung von Terence Conran	6
Elemente aus früheren Epochen	10
Farbenzauber	16
Zwischenstockwerke	22
Wieder in der Schule	26
Lebenskunst	32
Weißes Licht	38
Klein, aber fein	48
Zufluchtsort	54
Zimmer mit Aussicht	60
Neu zusammengesetzt	64
Ein Hauch von Luxus	68
Schiffsform	76
Spielerisch denken	82
Besuch in der Vergangenheit	86
Empire-Einflüsse	94
Ein zweites Heim	100
Lebendige Erinnerungen	104
Spiel mit Illusionen	110
Pioniergeist	116
Über den Dächern von Paris	120
Kontrastreich	124
Register und Quellennachweis	128

Einführung

Stil läßt sich nur sehr schwer definieren; es ist einer der am häufigsten strapazierten Begriffe überhaupt. Und doch ist es die beste Bezeichnung für die seltene Eigenschaft, die gelungene Inneneinrichtungen auszeichnet – originell und angemessen zu sein.

Ein Haus stilvoll einzurichten war früher recht kostspielig, da dazu die Hilfe spezialisierter Handwerker und Lieferanten erforderlich war. Erstklassige Materialien und handwerkliche Arbeit sind nun nicht etwa plötzlich billiger geworden, trotzdem ist es heute möglich, dasselbe Ergebnis zu erzielen, ohne gleich ein Vermögen ausgeben zu müssen – schließlich werden in immer größerem Maße Einrichtungen, Stoffe und Möbel guter Qualität zu erschwinglichen Preisen angeboten. Das ist nicht zuletzt auf technische Entwicklungen bei der Fertigung zurückzuführen, durch die alle nur erdenklichen Produkte in noch vor wenigen Jahrzehnten kaum vorstellbarer Qualität und Auswahl hergestellt werden können.

In Büchern und Zeitschriften findet man heutzutage Informationen über Wohnungseinrichtungen im Überfluß, so daß jeder an früher streng gehüteten Berufsgeheimnissen teilhaben und durch Einfallsreichtum zu eigenen Lösungen kommen kann. Selbst tätig zu werden, bedeutet nun nicht mehr, aus Mangel an finanziellen Mitteln selbst etwas tun und dabei wenig elegante Lösungen wählen zu müssen, sondern bietet vielmehr eine Möglichkeit zu kreativer Betätigung. Heute, da es wieder modern ist, Altes wiederherzustellen und zu verwenden, findet man in Second-Hand-Läden, auf Flohmärkten und bei Altwarenhändlern viele nützliche und hübsche alte Gegenstände. Man braucht also nur etwas Geschmack und einen Blick für preiswerte Lösungen, und schon steht einem eine Vielzahl an Möglichkeiten zur Verfügung.

Wie die Beispiele in diesem Buch zeigen, besteht immer ein großer Spielraum bei der Interpretation dessen, was Stil bedeutet – über Geschmack läßt sich bekanntlich streiten. Trotzdem haben alle Beispiele in den Grundansätzen einige Punkte gemeinsam.

In allen Fällen wurde viel Mühe auf die Vorüberlegungen und die Planung verwendet: Bereits in diesem Stadium wurden Problembereiche ermittelt und die künftigen Anfor-

Minimalismus in Vollendung: die Wohnung von John Pawson und Hester van Royen.

Angela Hewitt im Flur ihrer Londoner Wohnung.

Die Innenarchitektin Maureen Walker zu Hause.

Wandmalerei in der Wohnung von Roger Britnell.

derungen an den Wohnraum berücksichtigt – unabhängig davon, ob es sich nun um die Wahl der Bettdecke oder das Aussehen der Küche handelte. Oft wurden dabei ungewöhnliche Lösungen für Materialien und Gegenstände gefunden – in vielen dieser Wohnungen stehen Schätze von Flohmärkten einträchtig neben Neuerwerbungen. Ein wichtiger Aspekt der Planung wird hier deutlich – umsichtig zu wirtschaften. Dazu gehört auch eine vernünftige Verteilung der vorhandenen Mittel auf die einzelnen Vorhaben; ebenso wichtig ist es, sein Kapital möglichst effektiv einzusetzen. Die Beispiele zeigen deutlich, daß knappe finanzielle Mittel nicht unbedingt einschränken, sondern vielmehr die Fantasie anregen.
Empfehlenswert ist eine konsequente Behandlung von Farben und Themen bei der Inneneinrichtung. Dies wird allerdings oft falsch aufgefaßt, was zu einer leblosen und langweiligen Gestaltung führt, etwa mit den gleichen Mustern für Tapeten, Bettwäsche und Möbelbezüge, an denen man sich oft schon nach einer Woche sattgesehen hat. Konsequente Behandlung bedeutet vielmehr, Farbtöne, Stoffe und Muster subtil miteinander zu kombinieren und nicht verschiedene Stile bunt durcheinander zu würfeln.

Ein wichtiges Element sind die Details: Man kann nicht oft genug betonen, daß gerade die Kleinigkeiten den Eindruck, den ein Raum hinterläßt, ausmachen. Schöne Möbel und eine fantasievolle Einrichtung nützen wenig, wenn der Eindruck durch herumliegende Kabel, unpassende Teppiche oder ein unförmiges Fernsehgerät wieder zerstört wird. In diesem Buch finden Sie viele nützliche Anregungen, wie Sie Zeit und Geld sparen können – unterschätzen Sie bei all dem aber nicht die Bedeutung von Details. Legen Sie bei der Wahl des Papierkorbs ebenso viel Aufmerksamkeit auf Farbe, Form und Wirkung wie etwa bei der Wahl eines Gemäldes oder eines Möbelstücks.
»Weniger ist mehr« ist eine weitere gute Richtlinie. Es ist wichtig zu wissen, wann man aufhören muß – auch durch Weglassen kann man gute Wirkung erzielen.

Ein letzter wichtiger Aspekt hat nichts mit Strategie oder Methodik zu tun. Die Beispiele in diesem Buch zeigen eine oft unorthodoxe, manchmal sogar geniale Gestaltung; sie sind in jedem Fall voll Eigenständigkeit und Persönlichkeit. Auch wenn mir einige besser gefallen als andere, respektiere ich sie doch alle und glaube, daß die Menschen, die sie gestaltet haben, dies nach ihrem Geschmack getan haben, ohne sich um den anderer zu kümmern. Alle Beispiele zeugen von viel Selbstvertrauen – von Vertrauen in die eigenen Ideen und deren Umsetzung bei der Einrichtung. Dies ist das eigentliche Geheimnis von Stil und der Grund, warum Stil nicht von Geld abhängt. Ich kenne viele Wohnungen, bei denen unbeschränkte Mittel zu einer völlig langweiligen Einrichtung geführt haben; und ich kenne viele gelungene und stilvolle Wohnungen, die mit geringem Aufwand eingerichtet wurden.

Bei der Gestaltung einiger weniger Wohnungen in diesem Buch wurden größere Summen bzw. geerbte Möbelstücke verwendet; aber auch sie zeigen Lösungen oder Ansätze auf, die bei niedrigem Etat nützlich sein können. Alle Beispiele sollen Ihnen helfen, Ihren eigenen Stil zu entwickeln, ganz gleich, ob es Ihnen nun an Zeit oder an Geld mangelt oder an beidem.

Das Pariser Apartment von Marie Chaumette und Patrick Poirier.

Ausblick aus der Küche von Joan und Bob Bayley auf Long Island.

Elemente aus früheren Epochen

Der Kauf eines alten Hauses ist meist recht riskant: Um bei der unvermeidbaren Verwahrlosung zwischen tiefreichenden und oberflächlichen Schäden unterscheiden zu können, bedarf es eines geschulten Auges. Eine falsche Entscheidung kann zu einer aufwendigen Renovierung führen, die richtige eine gute Kapitalanlage sein.

Diese Wohnung in einem 1830 im georgianischen Stil erbauten Reihenhaus stand zehn Jahre leer. Es gab keine Küche, nur eine Kochnische im Flur; das Bad sah schrecklich aus; die Parkettböden waren unter mehreren Lackschichten verborgen, die offenen Kamine zugemauert und übermalt. Da das Haus auch keine Heizung und keine modernen Installationen hatte, war der Kaufpreis niedrig. Der Zustand hätte wohl jeden abgeschreckt, der nicht über unbegrenzte Mittel und Zeit verfügt; durch harte Arbeit, Einfallsreichtum und gute Planung gelang es aber, das Haus reizvoll und kostengünstig umzugestalten.

Unter dem oberflächlichen Verfall waren die Struktur und viele ursprüngliche Elemente, wie die Parkettböden aus Teak und Eiche, die Fliesen, Fenster und Stuckornamente, jedoch intakt. Dazu kam noch, daß die großzügigen Proportionen der Räume nicht durch Umbauten zerstört worden und kaum grundsätzliche Veränderungen nötig waren – ausgesprochen glückliche Umstände.

Um die Kosten zu senken, erledigten Jerry und Angela Hewitt, die neuen Besitzer, einen Großteil der Arbeiten selbst – noch bevor sie den Kaufvertrag unterzeichneten, behandelten sie z.B. die Böden mit einem Sandstrahler. Anschließend legten sie das Bad völlig neu an; um die lange Badewanne unterzubringen, kam Jerry, ein Architekt, auf die Idee mit dem Obelisken, der in den Flur vorsteht und diesem eine klassizistische Note gibt. Angela, Leiterin einer Londoner Modeschule und Designerin, scheuerte den Fliesenboden im Flur mit einem Lösungsmittel und entfernte in tagelanger Arbeit die Farbschichten vom Wohnzimmerkamin.

Glücklicherweise widerstanden die Besitzer der Versuchung, sklavisch den ursprünglichen Stil zu kopieren, sondern schufen ein harmonisches Zusammenspiel zwischen Neu und Alt, das die georgianischen Details nicht überdeckt und den ursprünglichen Eindruck wiedergibt.

1

1 Ein Obelisk als visueller Höhepunkt in einer kühlen Eingangshalle. Auf beiden Seiten des Bogens sieht man Stucksäulen, auf deren Kapitelle Lampen gesetzt wurden. Hinter dem zweiteiligen Spiegel mit viktorianischer Umrahmung versteckt sich ein Schrank. Die Spiegelscheiben wurden auf die Türen, die sich durch Druck öffnen und schließen lassen, geklebt.

2

2 Das überstehende Ende der Badewanne und die Dusche wurden raffiniert im Inneren des Obelisken untergebracht.
Der Steinmauereffekt ließ sich schnell und ohne hohe Kosten mit zwei verschieden getönten, marmorierten Tapeten aus herkömmlichem Schreibpapier erzielen. Das Papier wurde mit Tapetenkleister festgeklebt und zum Schutz mit mehreren Polyurethanlackschichten versehen.

3

3 Die Wohnküche wurde in einen der beiden Empfangsräume verlegt und diesem eleganten Rahmen entsprechend gestaltet. Zuerst mußte der Parkettboden von einem unansehnlichen, dunklen Lack befreit werden. Dazu behandelte ihn Angela behutsam, aber beharrlich mit einem Sandstrahler. Dann trug sie darauf mehrere Schichten Bootslack auf, der, da er in größeren Mengen erhältlich ist, billiger ist und einen etwas tieferen Glanz hat.
Ein Sideboard aus der Zeit Edwards VII., das sie bei einer Auktion erworben hatten, beherbergt nun einen flachen Gasherd. Dazu mußte die 50 mm dicke Abdeckplatte zum Teil herausgesägt werden, so daß nur ein Rahmen blieb. Darunter wurden eine Geschirrspülmaschine und daneben noch zwei Schränkchen eingepaßt. Anstelle von Einlegeböden für Geschirr und Besteck sind darin ehemalige, mit grünem Samttuch überzogene Tabletts angebracht.
Den Oberflächen der Schränkchen und den Arbeitsflächen gab Angela ein passenderes Aussehen. Dazu marmorierte sie sie mit einer Emulsion aus verdünnter Abtönfarbe. Die weiß-graue Äderung wurde freihand gezeichnet und anschließend mit einer Fasanenfeder leicht verwischt. Durch Betupfen mit einem nassen Schwamm wurde das etwas wolkenhaft verschwommene Aussehen von Marmor täuschend echt nachgeahmt; die Oberflächen sind so von den hübschen Marmorfliesen, die die Spüle einfassen, nur schwer zu unterscheiden.
Den Raum dominiert eine große, erkerartige Fensterfront, die auf einen Lichthof führt. Ein hübscher dekorativer Einfall sind die aus Goldpapier ausgeschnittenen Sterne, die an die Decke über der Fensterausbuchtung geklebt wurden.

4

5

6

Eine hohe, erkerartige Fensterfront mit Vorhängen zu versehen kann ein teures und kompliziertes Unterfangen werden. Bei Gardinen zum Beispiel braucht man Unmengen an Stoff und eine besondere Stange. In diesem Beispiel wurde als Lösung ein Rollo aus billigem Stoff – Baumwollgewebe mit Lurex – gewählt, das sehr leicht ist. Das Rollo ist entlang der Rundung so befestigt, daß man dort leicht saubermachen kann.

4 Ein wichtiger Bestandteil dieser zurückhaltenden Dekoration sind die sehr hellen Farben. Passend zu den marmorierten Schränkchen im Sideboard wurde eine imitierte Täfelung an die Wände unterhalb der Zierleiste gemalt. Mit grauen Umrissen wird das hervorstehende Profil eines Simses vorgetäuscht. Die Flächen innerhalb der Einfassung wurden mit einer Emulsion marmoriert, die mit Künstlerfarben gemischt wurde.

5 Da keine Fensterläden mehr da sind, standen die Gehäuse dafür auf beiden Seiten des Fensters leer. Anstatt sie zuzunageln, verwendet sie Angela nun als Schränke; als Borde dienen 6 mm dicke Glasscheiben. Da die Wände nicht genau gerade verlaufen, mußten erst Papierschablonen angefertigt werden, bevor das Glas zugeschnitten werden konnte. Die Haltevorrichtung für die Borde sind Messinghalterungen aus einem Bücherregal.

6 Gegenüber dem Fenster steht dieser liebevoll restaurierte offene Kamin, dessen Modellierung durch die weiße Farbe gut hervortritt. In den seitlich darüber angebrachten Stuckkapitellen sind moderne Deckenfluter versteckt. Eine hübsche Auswahl an Flaschen steht auf einem ehemaligen Serviertablett, das Angela auf einem Antiquitätenmarkt entdeckte. Abends, bei Kerzenlicht, bildet dieser Raum den stilvollen Rahmen für Dinnerparties.

7

Moderne Heizkörper wirken in Räumen, die im Stil vergangener Epochen eingerichtet sind, in der Regel fehl am Platz. Daher sollte man ältere Modelle einbauen, die weniger unpassend sind.

8

7 Das gut geschnittene Wohnzimmer mit seinen hübschen Stucksimsen und dem großen Fenster war die mühevolle Restaurierung wert. Wie auch in der Küche mußte hier zuerst einmal der Boden abgeschmirgelt und neu lackiert werden.
Der graue Taftvorhang war eine preisgünstige Lösung für diese große Fensterfläche. Der Stoff stammt von einem Theaterausstatter und kostete dort erheblich weniger als in einem normalen Geschäft.
In diesem riesigen Raum würden herkömmliche Möbel einfach untergehen; daher ließen die Hewitts z. B. die besonders langen Sofas eigens anfertigen. Der Bezug aus Baumwolle wiederum war recht billig, da er über einen Großhändler eingekauft und dann selbst gefärbt wurde. Verstreut auf den Sofas liegen Angelas reizvollste Entdeckungen – Kissen mit auf Seidenbezug aufgedruckten, detaillierten Landkartenmotiven.

8 Je zwei Wandleuchten aus einem Trödelladen flankieren an der Wand gegenüber dem Kamin eine Lithographie von Tim Mara. Der Sofatisch war ein Geschenk; er wurde mit Drahtwolle abgescheuert und mit Bienenwachs poliert.
Das Kugelbäumchen, das an die strengen Gärten des 18. Jahrhunderts erinnert, stammt von Angelas Mutter, die dazu Trockenblumen und -pflanzen an einem Drahtgeflecht befestigte.

Farbenzauber

Farben sind der einfachste und billigste Weg, ein langweiliges Zimmer aufzulockern, aus einem kühlen ein warmes zu machen oder Atmosphäre zu schaffen. Der richtige Gebrauch von Farben ist jedoch eine Kunst.

Ihre Arbeit als Künstler stellte für Nicola Gresswell beim Dekorieren ihres Hauses sowohl ein Problem als auch dessen Lösung dar. Sie wählte dieses Reihenhaus aus dem 19. Jahrhundert wegen seiner Ausrichtung nach Nordosten und wegen des kühlen und gleichmäßigen Lichts, das ideal für ein Atelier, für eine Wohnung aber zu kalt und hart ist. So blieb ihr nichts anderes übrig, als die Wohnung mit satten Farben wärmer zu gestalten. Daß dies gelungen ist, liegt nicht nur an ihrem Wissen um die Wirkung von Farben, sondern auch an ihrem Sinn für Komposition, Fähigkeiten, die jeder sich bis zu einem gewissen Grad aneignen kann.

Nur durch Abgehen von Althergebrachtem und durch Experimentieren kann man die Möglichkeiten von Farben voll ausnützen. Nicola probierte verschiedene Farbtöne und Techniken, wie z. B. Schwammtupfen, auf Spanplatten aus, bevor sie sich festlegte. Im ganzen Haus wurden die Wände mit drei Schichten eierschalenfarbener Pastellgrundierung behandelt. Dieser weiche, glänzende Anstrich bildet einen idealen Untergrund für eine gedämpfte Lasur auf einer ölhaltigen Grundlage, auf der mit bunter Ölfarbe, wie sie Künstler verwenden, viele verschiedene Anstriche möglich sind. Eine Lackschicht ist als Schutz für den Anstrich notwendig.

Aber nicht nur die Farbe des Anstrichs ist wichtig. Nicola suchte drei Jahre lang, bis sie das passende rote Sofa für das Wohnzimmer fand und gab einen großen Teil des Etats für den Teppichboden im Wohnzimmer aus, dessen kühles Blau die ideale Ergänzung für die gelben Wände bildet. Stark wurde sie auch von Dingen beeinflußt, die sie bereits seit Jahren als Motive für ihre Bilder gesammelt hatte und die von Geschmackvollem bis zu reinem Kitsch reichen – Stoffe, Porzellan, Spielsachen, echte und künstliche Blumen.

Hinter der Frische und Spontaneität steckt viel Überlegung; jedes Zimmer wurde wie ein intimes Stilleben komponiert. Besonders reizvoll ist, daß Nicolas Bilder viele Gegenstände zeigen, die man im Haus findet.

1

2

3

1 Durch die kühne, aber wohlüberlegte Kombination von drei Grundfarben wirkt dieses Wohnzimmer warm und einladend. Eine blaßrote Ockerlasur, die mit Naturschwamm und Pinsel auf die gelben Wände aufgetupft wurde, verleiht diesen Wärme. Als Blickfang im Erker dienen die selbst zusammengebauten skandinavischen Stühle und der leuchtend rote Servierwagen. Die blau-weißen Keramiken darauf stammen aus dem Londoner Chinatown.

2 Über dem Klavier hängt ein Stilleben von Nicola, das eine Schale Erdbeeren auf einem bunten Tuch zeigt. Die kräftigen Farben des Schals und die kleinen Objekte bilden ein Gegengewicht zum dunklen Holz des Klaviers. Am Notenständer lehnt ein Bild von Elizabeth Taggart.

3 Eine Erinnerung an die Kindheit – eine Parade chinesischer Pferde auf dem Sims des offenen Kamins. Der Rost wurde im Haus gefunden und restauriert.

4

5

Falls Sie die Kücheneinrichtung eigens anfertigen lassen wollen, wenden Sie sich am besten an einen Schreiner. Lassen Sie sich einen Kostenvoranschlag geben und ehemalige Kunden nennen, damit Sie sich von der Qualität seiner Arbeit überzeugen können. Zeichnen Sie genau auf, wie die Küche aussehen soll, und klären Sie alle Details. Überzeugen Sie sich auch, daß alles Ihren Vorstellungen entsprechend gebaut wird, bevor es zu spät ist.

4 Eine Küche nach seinen Vorstellungen und Bedürfnissen bauen zu lassen und einzurichten, kann günstiger und billiger sein als eine fertige zu kaufen. In dieser Küche wurde alles nach Nicolas Wünschen ausgelegt, so daß die Geräte und die Lebensmittel leicht zugänglich sind und das Kochen leicht vonstatten geht. Reihensteckdosen sorgen für Bewegungsfreiheit auf den Arbeitsflächen. Zwei Schranktüren lassen sich zusammen nach oben klappen und bilden so eine Dunstabzugshaube. Die Einrichtung ist in heller Eierschalenfarbe gestrichen, auf der sich jedoch keine Fingerabdrücke zeigen. Gummiringe unter den Porzellanknöpfen an den Schranktüren wirken beim Schließen der Türen dämpfend.
Die blau-weißen holländischen Fliesen über dem Herd und den Arbeitsflächen harmonieren gut mit den Porzellankännchen, die in einer Reihe auf dem Schrank stehen.

5 Durch den Eßbereich erhält die Küche etwas von der Farbenpracht des Wohnzimmers. Die Küche ist durch eine große Flügeltür mit dem Wohnzimmer verbunden; gegenüber der Tür steht der Eßtisch. Der kühle blaue Linoleumboden in der Küche sorgt bei geöffneten Türen für die optische Geschlossenheit der beiden Räume. Ein Schrank ist so angelegt, daß genau sechs der roten Klappstühle darin Platz finden.

6

6 Das Atelier im ersten Stock dient sowohl als Arbeits- wie auch als Ausstellungsraum. Es war ursprünglich ein Salon, der sich von der Vorder- bis zur Rückseite des Hauses erstreckte. Durch das natürliche Licht, das durch die großen Fenster einfällt, ist es ideal für Nicolas Arbeit. Die Wände wurden mit Pastellfarbe grundiert, die Decke mit einem etwas dunkleren gebrochenen Weißton. Der Boden, der abgebeizt, abgeschmirgelt und neu lackiert werden mußte, bildet nun eine warme und strapazierfähige Oberfläche. Die farbenprächtigen Spielsachen, Porzellanwaren und Teekannen, die hier auf den Borden neben dem Kamin zur Schau gestellt sind, tauchen auch gern in Nicolas Bildern auf. Die Borde und andere Holzteile wurden mit einer Mischung aus Eierschalenfarbe und Glanzlack (60:40) gestrichen, die ihnen eine schimmernde, aber nicht zu stark glänzende Oberfläche verleiht. Ein reizvolles Detail bilden die Rundbögen am oberen Ende der Regale, die bei einem Schreiner oder in Heimwerkerläden erhältlich sind.
Eine große Kiste aus öffentlichen Beständen bietet genug Platz für weitere Bilder. Vor den Fenstern hängen fliederfarbene Rollos, die am Tag in die dafür vorgesehenen Nischen hochgezogen werden können. In dem hellen Licht gedeihen die Pflanzen sehr gut und verleihen dem Atelier eine behagliche Note.

Wenn Sie in Ihrer Wohnung auch arbeiten, ist die Wahl des richtigen Raumes oft ein Problem. Wenn Sie sich mit einer Ecke im Wohnzimmer oder einem winzigen Kämmerlein zufrieden geben, leidet in der Regel Ihre Arbeit darunter. Ein Raum mit so großzügigen Ausmaßen wie dieses Atelier bildet nicht nur einen produktiven Rahmen, sondern läßt sich auch gut vom übrigen, oft lauten Treiben im Haushalt getrennt halten.

7

8

7 In einer Ecke auf dem Treppenabsatz steht dieser halbrunde Tisch mit Marmorplatte, den Nicola beim Einzug bereits vorfand und der einen reizvollen Hintergrund für Orchideen, Alpenveilchen und Begonien bildet. Die Wände im Flur und entlang der Treppe mit ihrer neutralen Farbe machen sich gut als Ausstellungsfläche für Bilder und als Übergang zwischen den farblichen Konzepten der einzelnen Räume.

8 Die kräftigen Farben schaffen eine intime Atmosphäre im Schlafzimmer. Die Wände wurden mit Eierschalenfarbe grundiert und dann mit kobaltblauer Lasur gestrichen. Mit einem Tupfpinsel wurden die Spuren der Pinselstriche entfernt, anschließend wurde die Lasur mit einem Stofflappen abgetupft. Auf die Decke wurde als Kontrast ein weiches Pink aufgetragen. Die Vorhänge, der Teppich und die Daunenbettdecke unterstreichen die behagliche Atmosphäre.

Durch das Abtupfen der noch feuchten Farbe mit einem Lappen entsteht, wie an den Wänden dieses Schlafzimmers, eine sehr augenfällige Oberfläche. Wegen der intensiven Wirkung muß die übrige Einrichtung möglichst schlicht sein, um einen zu aufdringlichen Eindruck zu vermeiden. Der Effekt dieser Maltechnik hängt von der Art des verwendeten Stoffes ab, ist aber meist recht auffällig, daher sollten am besten nur weiche Farbtöne verwendet werden.
Die Technik des Schwamm- oder Pinseltupfens dagegen, die hier bei der Decke angewendet wurde, erzeugt eine unauffälligere Oberfläche. Durch das Abtupfen der Farbe mit einem besonderen Pinsel entsteht eine Struktur. Diese Technik kann sehr anstrengend sein – vor allem bei größeren Flächen.

9

10

9 Die Grundfarbe im Gästezimmer ist Pink. Die kraftvolle Farbe ist auf das helle Aquamarin des Teppichs abgestimmt, das im Rahmen des Bildes über dem Kamin wieder aufgenommen wird. Marmorierung eignet sich besonders für Oberflächen wie die des Kamins im Gästezimmer. Zuerst wurde der Steinkamin mit eierschalenfarbenem, gebrochenem Weiß gestrichen, anschließend abgeschmirgelt und dann mit Ölfarbe in mattgrauen Tönen marmoriert. Mit einem buschigen Pinsel wurde die Äderung aufgemalt und anschließend mit einem mit Terpentin getränkten Schwamm wieder etwas verwischt, damit es echter aussieht.
Die Plastiktulpen bilden einen lebhaften und witzigen Kontrast zum Kaminrost. Den Kaminvorleger aus den 20er Jahren fand Nicola im Haus ihrer Großmutter.

10 Ein Stück japanischer Seide wurde kunstvoll am oberen Rand des Fensters drapiert, um das in der Fensternische befestigte Rollo zu verdecken.
Die Schränke wurden eigens von Nicola entworfen, so z. B. auch der praktische Kleiderschrank.
Teppichböden mit ungewöhnlichen Farben sind oft bei Ausverkäufen oder als Restposten zu erschwinglichen Preisen zu haben. Eine wesentlich kostspieligere Alternative wäre es, sie eigens färben zu lassen.

Um Oberflächen zu marmorieren, ist etwas Geschick nötig. Am besten versuchen Sie erst, ein Stück Marmor nachzuahmen. Das Ziel beim Marmorieren ist nicht eine möglichst originalgetreue Kopie, sondern vielmehr eine gelungene Stilisierung. Wichtige Elemente, auf die Sie achten sollten, sind ein wolkenähnliches Aussehen, die Äderung und die glatte Oberfläche.

Zwischenstockwerke

Da es bei den meisten Wohnungen nicht möglich ist anzubauen, gibt es nur wenig Möglichkeiten, die Bodenfläche zu vergrößern. In älteren Häusern mit sehr hoher Decke kann man durch Galerien leicht zusätzlichen Platz schaffen – einen sehr hohen Raum könnte man durch Einziehen eines Bodens sogar in zwei Räume verwandeln.

Linda Sparks, eine »frustrierte Innenarchitektin«, kaufte dieses Haus wegen seiner zeitgenössischen Elemente, wegen des hohen Wohnzimmers und wegen des daran anschließenden Wintergartens. Das Haus hatte allerdings auch einige gewichtige Nachteile: Das Wohnzimmer sah etwas unproportioniert aus, da es sehr wenig Bodenfläche hatte. Das Bad war winzig, die Küche in einem langen und hohen, aber sehr schmalen Raum untergebracht. Zudem gab es wenig Aufbewahrungsmöglichkeiten. Bei der Planung war der Architekt Carl Flack behilflich. Sein Konzept sah zwei zusätzliche Räume, ein doppelt so großes Bad und einen Zugang vom Wohnzimmer zur Dachterrasse vor – insgesamt fünf genau geplante Änderungen an der Höhe der Räume.

Durch die Galerie, auf der das Schlafzimmer liegt, werden die Proportionen des Wohnzimmers etwas korrigiert, über dem Bad wurde ein kleiner Dachboden entdeckt – da dieser Platz für die Galerie bot, konnte das Bad auf Kosten des Wohnzimmers erweitert werden. In der hohen Küche wurde ein Zwischenboden eingezogen, in der Küche oben und unten ein Raum für Kleidung und Haushaltsutensilien eingerichtet. Durch einen Türbogen und über eine kurze Treppe ist die neue Küche mit dem Wintergarten verbunden; eine Doppeltür führt zur Dachterrasse. Durch die Dachterrasse wird die Fläche der Wohnung bei schönem Wetter praktisch verdoppelt.

Aus Kostengründen zog Linda den Architekten nur im Planungsstadium hinzu und ließ die Arbeiten anderweitig erledigen. Als sie merkte, daß die Arbeiter bei den Umbauten eine tragende Wand herausgerissen hatten, ohne die Decke abzustützen, zog sie Hals über Kopf in die leere Wohnung und campierte dort auf dem Boden, um weiteres Unheil zu verhindern. Alles ging gut aus, aber Linda weiß nun den Wert ausführlicher Voranschläge und Abmachungen und ständiger Überwachung zu schätzen.

1

1 Im Wohnzimmer liegt die Betonung auf dem Kontrast zwischen den verschiedenen Farbtönen und Texturen. Der Marmortisch, das Sideboard aus Kunststoff und der Chromstuhl sind Neuanschaffungen. Die Kaminumrahmung aus Marmor stammt aus einem Altwarenladen; auch der mattschwarze Spiegelrahmen aus Kiefernholz mit der dunkelblauen und silbernen Marmorierung war eine günstige Anschaffung.

2

2 Der nach Süden liegende Wintergarten bildet ein helles Eßzimmer, da die Jalousien viel Licht durchlassen. Der Tisch aus Chrom und Glas ist ein Fundstück aus einem Laden für Waren zweiter Wahl. Die Shakespeare-Büste in der Nische besteht aus Beton und wurde weiß gestrichen und marmoriert. Die Säule, auf der sie steht, ist aus Karton, auf den die graue Farbe mit einem Schwamm aufgetragen wurde.

3

4

5

3 Über eine Leiter aus Aluminium gelangt man zum Schlafzimmer auf der Galerie. Die Holzbalustrade wurde von einem befreundeten Tischler angefertigt, ebenso das Bett und ein Teil der Kücheneinrichtung. Der Servierwagen stammt aus einem Altwarenladen; die ursprüngliche gelbe Farbe wurde schwarz übermalt.

4 Auf dem niedrigen Bett auf der Galerie liegt eine schwere Baumwolldecke, die ein Freund aus Indien mitbrachte. Das Fernsehgerät ist auf einem Schwenkarm angebracht.

Auf einer Galerie, die man von den Wohnräumen aus einsehen kann, sollte unbedingt Ordnung gehalten werden. In dieser Wohnung ist trotz des knappen Platzangebots ein ganzer Raum als Abstellraum vorgesehen.

5 Für die Planung und Anlage der Küche war ein befreundeter Grafiker verantwortlich. Der Boden besteht aus Preßspanplatten, die schwarz gestrichen und dann mit Hilfe einer Zahnbürste mit weißer Farbe bespritzt wurde. Eine Marmorplatte aus einem Bestattungsinstitut dient als etwas ungewöhnliches Hackbrett.

Verlangen Sie von der beauftragten Firma, noch bevor sie beginnt, eine ausführliche Aufstellung der Arbeiten und Kosten – sonst stellt sich vielleicht erst später heraus, daß die Kosten erheblich höher sind als angenommen. Falls Sie die Arbeiten selbst überwachen wollen, sollten Sie sich viel Zeit freihalten, um oft auf der Baustelle erscheinen zu können.

Wieder in der Schule

Ein wichtiges Element bei der Gestaltung sind Muster – sie sorgen für Farbe, Textur, Tiefe und Rhythmus. Wenn auch viele Menschen Bedenken haben, verschiedene Muster miteinander zu kombinieren, kann dies doch sehr reizvoll sein, wenn es so gut gelingt wie in diesem Beispiel.

Graham Carr, ein Innenarchitekt und Fachmann für Maltechniken, suchte eigentlich eine leerstehende Kapelle, als er in einem Dorf auf dieses Schulhaus stieß. Hier fand er den lange gesuchten großen, offenen Raum, »gotische« Elemente und einen herrlichen Holzboden, der so oft abgebeizt worden war, daß seine Oberfläche wie Schildpatt aussah. Die nötigen Umbauten wurden rasch und zufriedenstellend von einem ortsansässigen Bauunternehmer durchgeführt. Die Küche wurde mit neuen Installationen ausgestattet, die Toilette in ein Badezimmer umgewandelt, im großen Raum die Zwischendecke entfernt, so daß nun die Deckenbalken zu sehen sind, und an einem Ende eine Galerie angelegt, die das Schlafzimmer beherbergt.

Anschließend wurde der Fußboden in Angriff genommen. Ein großes Gittermuster wurde diagonal quer durch den Raum gezogen, was dessen Größe unterstreicht; in das Muster sind die Farbe und sogar die abgenutzten Stellen im Boden integriert. Die weißen Vierecke, die erst grundiert und dann marmoriert wurden, werden durch die braune Umrahmung hervorgehoben. Der Glanz der Oberfläche rührt von mehreren Lack- und Wachsschichten her.

An den Wänden war genug Platz für eine großflächige Schablonenzeichnung; das Motiv dazu stammt von Stoffdrucken aus dem 17. Jahrhundert. In seinen Arbeiten verwendet Graham wegen der vollen Wirkung mehrere, hauptsächlich ölfarbene Lasurschichten. Hier wurde auf einer dünnen Grundierung eine steinfarbene Lasur aufgetragen. Die gelbe Lackschicht über den graublauen Schablonezeichnungen geben diesen ein etwas älteres Aussehen.

An anderen Stellen nutzte Graham seine beneidenswerte Fähigkeit, freihändig zeichnen zu können, um Täfelung, Marmor und Kacheln nachzuahmen. Dadurch schuf er einen prächtigen Rahmen für eine Ansammlung von Möbeln, Bildern und Objekten aus verschiedenen Epochen und Ländern. Alles wurde mit Bedacht angeordnet, so daß die verschiedenen Muster einander ergänzen.

1

1 Zur Galerie gelangt man über eine französische Wendeltreppe aus dem 19. Jahrhundert, die Graham wegen ihres geringen Platzverbrauchs wählte. Auf die schwarzen Metallgitterstäbe wurde mit einem trockenen Pinsel pfefferminzgrüne Farbe getupft, wodurch Oxidation vorgetäuscht wird. Das ursprüngliche Seilmuster der Stirnverblendung an der Galerie wurde farblich etwas abgeschwächt.

2

2 Dieser spanische Krug wird von einem englischen Stuhl und einem imitierten Ofenschirm eingerahmt, der Tulpen zeigt und den Graham an einem Vormittag malte. An Imitationen sollte man nie zu lange arbeiten und herumfeilen, da sie sonst oft flach und gekünstelt wirken. Die Zierleiste an der Wand war ursprünglich auf Höhe der Stuhllehnen angebracht, passend zu den neuen Proportionen des Raums wurde sie schon etwas nach unten verschoben.

3

4

3 Diese Ecke beweist viel dekoratives Geschick. Die vierblättrigen Kleeblätter, die entlang der Schreibtischkanten gemalt sind, geben diesem ehemaligen Küchentisch ein »gotisches« Aussehen. Die Teedose und der Lampensockel aus Zinn wurden bemalt und vergoldet. Vorbild dafür sind die gerahmten chinesischen Tafelbilder, die an den Wänden hängen.

4 Der offene Kamin bildet den Blickfang in diesem Raum. Es gab zwar im ursprünglichen Schulgebäude einen Schornstein, trotzdem mußten der offene Kamin und die Umrahmung erst eingebaut werden. Schwere Steinplatten erstrecken sich in den Raum und markieren die Feuerstelle. Der vergoldete Kaminsims ruht auf zwei geschnitzten Konsolen aus Portugal. Unter dem Sims ist eine Zeichnung von Graham zu sehen, die Delfter Kacheln nachempfunden ist. Der Wandbehang aus einer portugiesischen Kirche, der über dem Kamin hängt, nimmt die Farben der Wände wieder auf; in den Pailletten spiegelt sich das Licht. Rechts davon hängt eine runde Stickerei aus China an einem leuchtend roten Band; links davon über dem Spiegel hängt eine bemalte ovale Tischplatte aus Holland. Plastiken mit religiösen Figuren und ein großer japanischer Teller verzieren den Kaminsims. Der Stuhl aus dem 18. Jahrhundert stammt aus Portugal.
Durch die Übereinanderlagerung verschiedener Muster entsteht der Eindruck enormer Tiefe. Das richtige Zusammenspiel der Farben und Formen wurde durch langwieriges Experimentieren erzielt. Graham, der mit Leidenschaft Möbel und Objekte sammelt, probierte dazu verschiedene Arrangements der einzelnen Stücke aus und wohnte jeweils längere Zeit darin, um deren Wirkung einschätzen zu können.

5

Bevor Sie auf den Fußboden ein Muster malen, sollten Sie erst den Raum genau vermessen und das Muster maßstabgerecht auf Millimeterpapier einzeichnen – verlassen Sie sich nicht auf grobe Schätzungen. Dieser Boden wurde in zwei Schritten bemalt, dabei wurden die Möbel in die jeweils andere Hälfte geräumt. Für Ungeübte empfiehlt es sich allerdings, das Zimmer ganz auszuräumen und einige Anhaltspunkte für das Muster vorzuzeichnen, bevor man beginnt.

5 Diese detailreiche Ecke findet man links neben dem Kamin. Der Spiegel ist in einem persischen Rahmen mit Seilmuster befestigt, der selbst mit kleinen viereckigen Spiegeln versehen ist. Der halbrunde Tisch aus Portugal darunter ist mit Holzschnitzereien verziert und vergoldet. Darauf stehen eine chinesische Lackschachtel, versilberte Messingbecher aus Tibet und ein exzentrischer Kerzenhalter, der aus einem Elfenbeinschaft und einer übergroßen Schale besteht und auf dem eine ungewöhnlich geformte Kerze steckt.
Links davon hängt ein Ausschnitt aus einem faszinierenden italienischen Gemälde, rechts davon ein französisches Terrakotta-Medaillon. In der Mitte sieht man ein naives Gemälde eines tschechischen Künstlers. Die religiöse Note der Figuren vom Kaminsims setzt sich in der geschnitzten Plastik, die auf dem Boden steht, fort.

Bevor Sie Möbel oder Objekte bemalen können, müssen Sie erst für eine entsprechende Oberfläche sorgen. Dazu sollten Holzmöbel, die in gutem Zustand sind, gründlich gereinigt und getrocknet und dann grundiert werden. Auch Metallteile müssen gereinigt und mit einer Metallgrundierung behandelt werden, um einen guten Untergrund für die weitere Bemalung zu bilden.

6

Schablonen gibt es in verschiedenen Formen und Größen. Zeichnen Sie, wenn Sie eigene herstellen wollen, die Muster auf Millimeterpapier, übertragen Sie sie dann auf ein Blatt Azetat oder ein dünnes Brettchen, und schneiden Sie sie mit einem scharfen Schnitzmesser aus.
Befestigen Sie die Schablone mit Klebeband an der gewünschten Stelle und tupfen Sie die Farbe fest mit einem Pinsel mit steifen, gleich langen Borsten auf. Um eine reizvoll ungleichmäßige Wirkung zu erzielen, sollten Sie rasch arbeiten.
Überlegen Sie sich genau, wie der Gesamteindruck sein soll, und treten Sie gelegentlich zurück, um die Wirkung zu überprüfen. In unserem Beispiel wurde das Motiv entlang der Zierleiste gleichmäßig wiederholt, ansonsten aber unregelmäßiger aufgetragen. Als Vorbild diente ein Damastmuster.

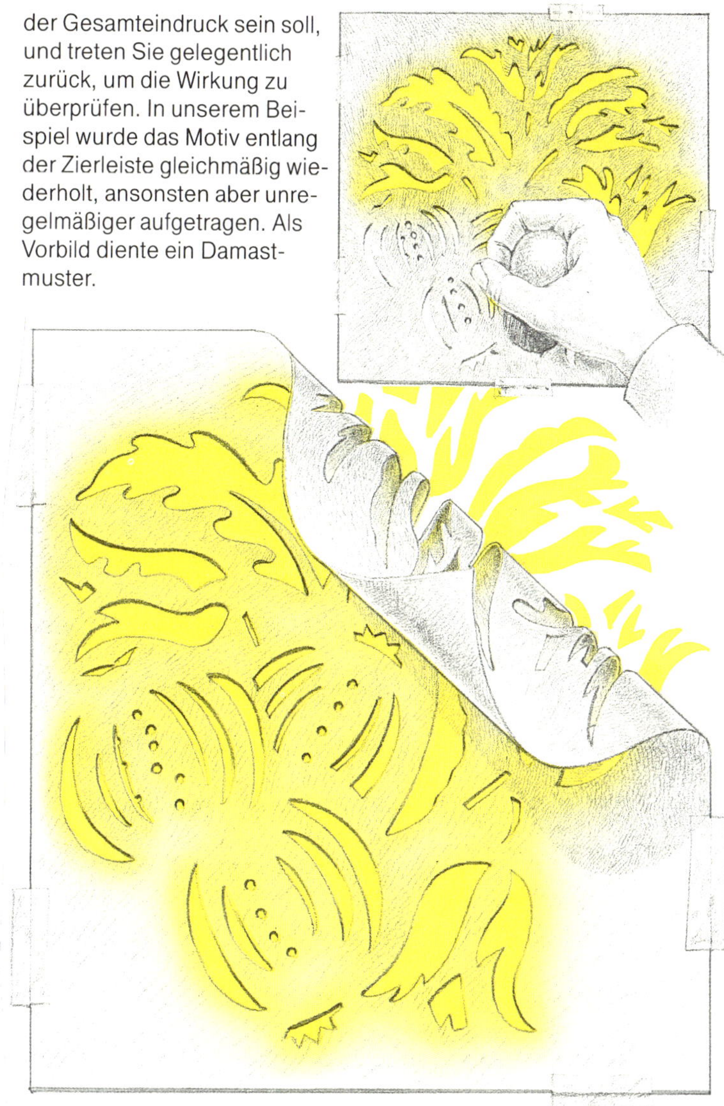

7

6 Das Motiv für die Decke der Galerie stammt von der Kuppel eines Maurenpalastes aus dem 12. Jahrhundert auf Mallorca; es symbolisiert Tag und Nacht. Damit das Muster weniger gleichmäßig wirkt und die Farben nicht so frisch aussehen, wurde das Muster per Hand aufgemalt und mit einer Lackschicht bedeckt, die anschließend gleich abgetupft wurde. Der Holzschirm hinter dem Bett wurde braun gestrichen und mit grauen Schablonemustern versehen; er ist mit vergoldeten Lederstreifen umrandet. An beiden Seiten des Bettes sind am Holzschirm zwei Armleuchter und als raffinierte Nachttischchen zwei Holzsockel aus einer Kirche befestigt. Durch eine Tür in einem der Wandschirme gelangt man in den dahinter verborgenen geräumigen Wandschrank.

7 Die Wände im Flur sind ebenfalls handbemalt; das Vorbild für die Motive stammt von den chinesischen Tafelbildern im Wohnzimmer (siehe 3). Der Hintergrund ist in einem steinfarbenen Ton gehalten. Um dem Anstrich ein weniger frisches Aussehen zu geben, wurde ein leicht trüber Lack aufgetragen und mit einem Tuch abgetupft. Das »gotische« Sims und die Holztäfelung wurden so bemalt, daß durch ein geschicktes Spiel von Licht und Schatten die Plastizität von Stuckarbeiten vorgetäuscht wird. Die Zierleiste wurde in schwarzen und rötlichen Tönen marmoriert.

Lebenskunst

Die Wohnung der Kunsthändlerin Hester van Royen und des Architekten John Pawson ist ein so rigoroses Beispiel für Minimalismus, wie man es sonst nur in Japan findet. Während eines vierjährigen Japanaufenthalts wurde John in seiner Vorliebe für das Einfache bestätigt – schon als Kind bevorzugte er leere Räume. Diese Wohnung ist das Ergebnis umfassender struktureller und dekorativer Veränderungen; auch wenn so etwas für die meisten Menschen unerschwinglich sein dürfte, kann man auch gerade für Arbeiten mit kleinem Etat viel davon profitieren.

Auf den ersten Blick könnte man den Verzicht auf Möbel und Gegenstände auf drastische Sparmaßnahmen zurückführen. Fehlen diese gewohnten visuellen Bezugspunkte, müssen die übrigbleibenden Wand-, Boden- und Deckenflächen so gestaltet sein, daß sie jedem prüfenden Blick standhalten. Hier wurde das durch präzise gestaltete Details an Verputz und Boden erreicht und durch die Umwandlung der Zimmer in eine Reihe miteinander verbundener Räume.

Besitztümer sind ein wichtiger Bestandteil des täglichen Lebens. Selbst wenn man sie auf ein Minimum reduziert, muß doch ausreichend Platz zum Aufbewahren vorhanden sein. Dazu wurden hier ganze Wände mit Einbauschränken versehen, die so angelegt sind, daß die Türen von den Wandflächen kaum mehr zu unterscheiden sind.

Wenn – wie hier – »weniger« oft auch »teurer« bedeutet, sind Minimalismus und Sparsamkeit doch nicht unvereinbar. Man muß sich ja nicht auf kostspielige strukturelle Veränderungen einlassen, um etwas von diesem Geist einfangen zu können. So lassen sich z. B. die Sitzmöbel in großem Umfang auf vielseitig nutzbare Polster und Matten reduzieren, die bei Bedarf zusammengestellt und wieder weggeräumt werden können. Seine Besitztümer bestmöglich aufzubewahren, ist eine gute Übung in Rationalisierung – durch Beschränken auf das Wesentliche kann man viel Geld, Zeit und Platz sparen.

Ihre Wohnung teilen sich Hester und John mit ihrem gemeinsamen Baby und Hesters Tochter Phoebe. In einer solchen Wohnung Ordnung zu halten, ist für die Eltern eines Kleinkinds recht anstrengend; aber zum Ausgleich dafür bietet ihnen die Wohnung einen Ruhepol und den Mittelpunkt für ihr Leben.

1

1 Die Wohnräume sind durch neue Wandöffnungen miteinander verbunden. Durch die über die Erker vorstehenden Wände entstehen rechtwinklige Nischen; die Jalousien schirmen vor Blicken von außen ab. Der offene Kamin – das schwarze Loch in der weißen Wand – ist mit Schiefer aus Wales ausgekleidet. Die japanischen Sitzkissen bilden zusammen mit herkömmlicheren Stühlen flexible Sitzgelegenheiten.

2

2 In der ganzen Wohnung sind schwarz gebeizte Dielenbretter aus Pechkiefer verlegt; mit der schimmernden Politur wirkt der Boden fast flüssig. Da Simse und Bodenleisten fehlen, wird die senkrechte Linie der Wände durch nichts unterbrochen. Der Verputz hört kurz über dem Boden auf – dadurch scheinen die Wände auf dem Boden zu schwimmen. All diese Elemente reduzieren die Inneneinrichtung auf das Spiel von Licht und Schatten auf den glatten Flächen.

3

3 Der Pfeiler im Flur bildet das einzige runde Element in dieser geradlinigen Wohnung und wird dadurch zu einem Dreh- und Angelpunkt. Rechts davon liegen die beiden Wohnzimmer, links davon der Flur, die Schlaf- und Badezimmer und die Küche. Auf beiden Seiten der Wand zwischen Flur und Küche sind deckenhohe Schränke eingebaut. Im Flur beherbergen sie Bücher, in der Küche Lebensmittel und Geräte.
Die auf Bodenhöhe in Vertiefungen versenkten Lampen sind eigentlich für eine Außenbeleuchtung gedacht. Hier im Flur wird damit die spiegelnde Wirkung des schwarzen Bodens ausgenutzt.
Neonröhren, die der Reihe nach in verschiedenen Farben aufleuchten, bilden abwechselnd die Worte »Sweet«, »Suite« und »Substitute«. Diese Skulptur von Bruce Naumann trägt den treffenden Untertitel »Kunstwerk, das Ihr liebstes Möbelstück ersetzt«. In dieser kargen Umgebung bildet alles, das offen zu sehen ist, automatisch einen Blickfang. Dadurch gewinnen selbst alltägliche Gegenstände, wie etwa Küchengeräte, die aus dem Schrank genommen, weil sie gebraucht werden, eine neue Bedeutung – Alltagskunst.
Ein erheblicher Nachteil einer so minimalistischen Einrichtung ist ihre Lärmempfindlichkeit. Herkömmliche Einrichtungsgegenstände wie Teppiche, Vorhänge, Tische oder Schränke dämpfen in erstaunlich hohem Umfang entstehenden Lärm. Ohne diesen Lärmschutz trägt jeder Ton sehr weit und wird von den Wänden mehrmals zurückgeworfen. Ein Gespräch bei normaler Lautstärke wird dadurch fast unmöglich – vier Personen klingen wie zwanzig. Die Pawsons erwägen, ob sie nicht schallschluckende Materialien an den Wänden anbringen sollen, was allerdings recht kostspielig werden dürfte.

4

4 Einbauküche in höchster Vollendung: den Mittelpunkt bildet eine lange Konstruktion aus Betonblöcken mit einer rutschfesten, aufgerauhten Oberfläche. In diese Oberfläche sind Gasherdplatten und eine tiefe, rostfreie Spüle eingesetzt, deren Wasserhahn unterhalb der Oberfläche angebracht ist.
In der Industrie verwendete Deckenstrahler mit eingebauter Luftabsaugvorrichtung beleuchten die Arbeitsflächen von oben und saugen gleichzeitig Staub und Öl ab.
In den Einbauschränken sind der Backofen, der Kühlschrank, die Geschirrspülmaschine, Lebensmittel, Besteck und Geschirr untergebracht. Alle Schränke in dieser Wohnung sind aus leichten Kunststoffaserplatten, die nicht verkleidet werden müssen und stabiler und leichter als Holzfaserplatten sind. Die Türen lassen sich durch Druck öffnen und schließen, so daß keine Türgriffe die glatte Oberfläche der Schränke unterbrechen. Die Schränke in Küche und Flur sind miteinander verbunden – so kann z. B. ein Einlegebrett vom Küchenschrank weiter in den Flurschrank geschoben werden, so daß dort das Bücherbrett auf der entsprechenden Höhe breiter wird – und umgekehrt. Dadurch lassen sich die Einlegebretter so anlegen, daß nicht mehrere Gegenstände hintereinander angeordnet werden können. Die Gegenstände verstellen somit keine anderen mehr, und es kann leichter aufgeräumt und saubergemacht werden.
Hinter dem Brett mit der Küchenuhr sind die Strom- und Gaszähler und die Sicherungen leicht zugänglich verborgen. In der Nische darunter ist das Telefon untergebracht. Die Dimmer, die darunter angebracht sind, würden die Pawsons am liebsten auch noch irgendwo verbergen.

5

Wieviel Disziplin in einer minimalistischen Wohnung erforderlich ist, zeigt sich nirgends so deutlich wie in diesem spartanischen Badezimmer. Alle Schränke sind im Flur, so daß man alles, was man braucht – sei es ein Handtuch oder auch eine Zahnbürste – jedesmal mit hereinnehmen muß.

5 In diesem Badezimmer, das vollständig mit quadratischen, mattweißen Keramikfliesen ausgekleidet ist, gibt es keine Schränke, keine der üblichen Utensilien und nur die allernotwendigsten Einrichtungen. In einer so spartanischen Umgebung gewinnen das dezente Gittermuster der Fliesenfugen, das Waschbecken und der Sockel, auf dem es steht, und der Rasierspiegel mit der ausziehbaren Halterung eine schlichte funktionelle Schönheit.
Für Plastizität sorgen die Wasserhähne, der Handtuchhalter und der Duschkopf aus glänzendem, blankpoliertem Chrom.
Das Fenster wird durch eine mattweiße Jalousie verdeckt, die der Wirkung halber von der Decke bis zum Boden reicht. Ein weiteres wichtiges Element ist die Dusche links neben dem Fenster mit ihrem unauffälligen Abfluß im Boden.

6 Den Blickfang im Badezimmer bildet dieser Bottich aus Zedernholz. Wie in Japan üblich, wird der Bottich zur Entspannung in wohlriechenden Bädern und die Dusche zum Waschen genutzt. Das Wasser läßt sich durch zwei Chromhähne regeln, der Abfluß ist unter dem Bottich verborgen. Die Holzklötze unter dem Bottich sind genauso groß wie die Fliesen und so breit wie die Dielenbretter in den übrigen Räumen.

6

7 Das Waschbecken in der Toilette wurde eigens für das Barbican Centre in der Londoner City entworfen. Es ist in einer Einbuchtung in der Wand angebracht und verbirgt den Toilettenpapierhalter. Durch das Versenken von Elementen in Nischen wird deren Wirkung auf ein Minimum reduziert und der Raum optimal genutzt.

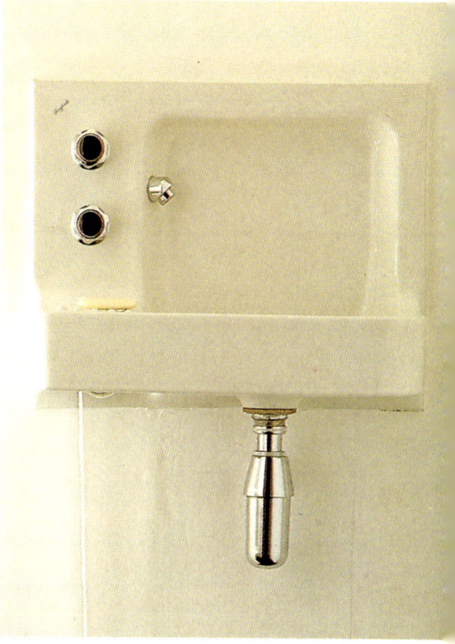

7

Fast so wichtig wie ausreichend Stauraum ist in einer so minimalistisch eingerichteten Wohnung, daß alle Rohre und Leitungen unsichtbar sind. Dazu ist sorgfältige Planung erforderlich, da alle Arbeiten an elektrischen und sonstigen Leitungen – dazu gehören auch Details wie die genaue Lage von Steckdosen, Lampen oder Abflüssen – durchgeführt werden müssen, bevor man auch nur daran denken kann, Wände zu verputzen oder Böden zu verlegen.

Weißes Licht

Weiße Wände, weiße Türen, weißer Anstrich, weiße Rollos. Dies einfache Stilmittel sorgt in dieser leuchtend hellen Wohnung in Paris ohne große Kosten für eine minimalistische Atmosphäre. Wie schon das vorherige Beispiel zeigte, müssen die Oberflächen und die Dekoration um so besser verarbeitet und gestaltet sein, je weniger ein Raum enthält. Dadurch, daß es Licht besonders gut reflektiert, gleicht Weiß oberflächliche Mängel leichter aus und schafft Zusammenhang.

Marie Chaumette und Patrick Poirier zogen mit ihrem Sohn Antoine vor zwei Jahren in diese Büroräume einer ehemaligen Fabrik. Die beiden darunterliegenden Stockwerke bewohnten Maries Großmutter und eine ihrer Tanten. Die Gebäude gehören Maries Familie schon seit langer Zeit; sie bieten ungewöhnlich viel Platz im Zentrum von Paris. Wegen geschäftlicher Verpflichtungen konnten Marie und Patrick beim Umbau nur auf ihren Einfallsreichtum und nicht auf ein gut gepolstertes Bankkonto zurückgreifen – gute Ideen können Geld teilweise ersetzen.

Durch Umbauten wurde das Wohnzimmer vergrößert; an den erweiterten Öffnungen wurden keine Türen angebracht, so daß von der nach Süden liegenden Rückseite das Licht durch die Wohnung scheint. Ein großer Raum wurde durch eine Trennwand in Küche und Bad geteilt; diese Trennwand bildet auf der einen Seite eine Duschecke und in der Küche eine Nische für Borde.

Das Problem bei einer durchgehend weißen Wohnung sind die dazu passenden Farben. Es gibt eine Reihe von verschiedenen Weißtönen – so wird einigen Weißemulsionen z. B. etwas Blau beigemischt, so daß sie noch strahlender wirken; andere Weißtöne werden mit der Zeit etwas gelb. In diesem Beispiel wurde ein matter Linoleumboden, der passend zum reinen Weiß der Wände ausgesucht wurde, in der gesamten Wohnung verlegt.

Die vorhandenen Büroschränke wurden weiß gestrichen; außerdem wurden nur wenige erworbene, geerbte und gefundene Möbelstücke verwendet. Das Ergebnis ist eine schöne und erstaunlich behagliche Wohnung, die trotz ihres schmucklosen Aussehens eine ruhige und entspannte Umgebung für den zweijährigen Antoine bildet, der hier aufwächst.

1

1 Der Wohnraum ist ruhig und verhalten, aber bequem eingerichtet. Das in eine Nische eingepaßte Regal und der hohe Wandschrank standen schon in den früheren Büroräumen; sie mußten nur weiß gestrichen werden, um in den Rahmen dieser Wohnung zu passen.

2

2 Marie, Patrick und Antoine. Zu ihren wenigen Neuanschaffungen gehört auch dieser niedrige Tisch von Bernard Vuarnesson mit seinen ausziehbaren Platten und Schubladen. Die blauen Baumwollbezüge lassen die Sofas weicher und gemütlicher aussehen und bringen einen interessanten, unaufdringlichen Farbtupfer in die Wohnung. Sie lassen sich leicht abziehen, wenn sie gewaschen oder durch andere ersetzt werden sollen.

3 

4

5

3 Maries Sammlung alter und neuer Glaswaren in verschiedenen Blautönen verleiht dieser ansonsten fast durchgehend weißen Wohnung etwas Farbe. Einige der Stücke sind Geschenke; der Tisch mit Marmorplatte ist ein Erbstück. Die blau-weiße Lampe wurde von dem italienischen Designer Gae Aulenti gestaltet.

4 Diesen klassischen Stuhl fanden sie verlassen auf der Straße; passend zu den Sofas wurde er mit einem blaßblauen Baumwollstoff versehen. Die Silbergefäße und die Lilien sind Variationen zum Leitthema Weiß.

5 Den Jugendstilkamin entdeckten sie in einem Antiquitätenladen. Dieses wertvolle Stück lehnt in dem fast leeren Raum, der als Übergang zwischen dem Wohnzimmer und der übrigen Wohnung dient (siehe auch 10), an einer leeren Wand, womit auf seine ursprüngliche Funktion angespielt wird.

In dieser eher sparsam als minimalistisch eingerichteten Wohnung sind einige sorgfältig ausgesuchte und angeordnete Stücke offen zu sehen. Die Klarheit des Stils rührt in erster Linie daher, daß man mit einem Minimum an Möbeln auskommt. Die Besitzer, die selbst entworfene Strickwaren und Kleidungsstücke vertreiben, wissen, wie man Objekte auswählt und wirkungsvoll anordnet. Ihnen reichen einige wenige, dafür aber gut gestaltete und funktionelle Stücke.

Eine kräftige Farbe ist in einem ansonsten einfarbigen Raum in der Regel fehl am Platze. In diesem Beispiel bilden die blaßblauen Sofabezüge ein Verbindungsglied zwischen dem Weiß der Ausstattung und den dunkelblauen Glaswaren. Sammlungen irgendwelcher Art passen oft nur schlecht in einfach eingerichtete Räume. Die gelungenste Lösung ist es, die Stücke als Einheit zu einem Blickfang zusammenzustellen.

6 Die Küche ist mit dem Wohnzimmer über eine große Öffnung verbunden, durch die das Licht, das durch das Oberlicht und das nach Süden zeigende Fenster in die Küche fällt, auch in die übrige Wohnung gelangt. Der Stuhl und der Hocker – zwei ungewöhnliche Kombinationen aus Metall und Holz aus den 20er Jahren – stammen aus demselben Antiquitätenladen wie der Jugendstilkamin.

Fußböden sind in jeder Wohnung eines der wichtigsten Elemente – um so mehr in einem minimalistischen Rahmen. Wegen seiner großen Fläche ist die visuelle Wirkung des Bodenbelags enorm. Er beeinflußt auch eine Reihe anderer Aspekte, wie z. B. Geräuscharmut, Sicherheit, Wärme und Helligkeit. In dieser Wohnung wurde ein großer Teil des Etats für den Bodenbelag ausgegeben, und die Wahl des Belags war die erste wichtige Entscheidung, die die Besitzer trafen. Sie wählten diesen weißen Linoleumboden wegen seiner strapazierfähigen, abwaschbaren und schmutzabweisenden Oberfläche. Das Reflexionsvermögen des Materials trägt dazu bei, daß die Zimmer geräumig wirken. Zudem bildet der Boden eine ideale und warme Spielfläche für das Kind. Abgesehen von all diesen Vorteilen war der entscheidende Aspekt jedoch seine Farbe – sein Weiß ohne irgendwelche Gelb- oder Blautöne. In einer durchgängig weißen Umgebung würde eine größere Abweichung in der Textur oder im Farbton die Geschlossenheit zerstören. Das Weiß des Linoleumbodens paßt genau zur Farbe der Wände und Decken.

6

7

8

7 Die Borde in dieser Nische bilden einen sicheren Aufbewahrungsort für das Glas und das Geschirr, in dem sich Maries Vorliebe für Blau zeigt. Als der große Raum in Küche und Bad geteilt werden sollte, entschied sich das Paar dafür, die Trennwand so anzulegen, daß auf beiden Seiten eine geräumige Nische entstand (siehe S. 45). In der Nische in der Küche wurde ein Küchenregal angelegt; diese Lösung ist praktischer und platzsparender als ein herkömmliches Wandregal.

8 Die Arbeitsflächen aus Holz in der Küche ruhen auf Mauern aus Ytongsteinen. Diese Konstruktion ist nicht nur preiswert, sondern auch leicht selbst zu bewerkstelligen. In den Zwischenräumen ist Platz für die Waschmaschine, die Geschirrspülmaschine und ein Kästchen mit Schubfächern. Auf einer Holzrolle hängt ein Küchentuch aus Leinen, dahinter sind Putzmittel, der Mülleimer und Schaufel und Besen verborgen. Die Küchenschränke stammen wie die Wandschränke im Wohnzimmer und der übrigen Wohnung noch aus den alten Büroräumen. Weiß gestrichen passen sie mit ihrer funktionellen Schlichtheit gut in den Rahmen dieser Küche.

9

9 Die Umrahmung der Badewanne und die Waschtischkonstruktion sind aus Ziegel und wurden mit weißen Keramikfliesen verkleidet, wodurch sie eine visuelle Einheit bilden. Durch diese Anlage ließen sich auch unschöne Zwischenräume vermeiden, in denen sich gern Staub und Schmutz ansammelt.
Die frühere Tür wurde versperrt und bildet nun den Rahmen für ein Regal. Die Glasborde sind unauffällige Auslageflächen für die hübschen Badezimmeraccessoires, die durch den dahinter angebrachten großen Spiegel betont werden.
Das etwas größere Gegenstück zu dem geschwungenen Perspextischchen aus Italien steht im Wohnzimmer.
Da die Küche und das Bad völlig neu nebeneinander angelegt werden sollten, konnte ein Teil der Installationen für beide Räume zusammen verlegt werden, ein Teil wurde sogar überflüssig – dadurch ließen sich die Kosten erheblich senken. Bei der Frage, wo die Trennwand angebracht werden sollte und wie groß die einzelnen Räume somit werden sollten, entschied sich das Paar für die einfachste Lösung: die Wand wurde zwischen den beiden Fenstern eingezogen, so daß beide Räume natürliches Licht haben.

10 Im Bad wurden eine Dusche und eine Toilette in die durch die Trennwand entstehende Nische eingebaut. Durch eine Wand wurde die Toilette von der Dusche abgetrennt. Diese Wand ist ebenfalls aus Ziegeln und wurde weiß gefliest. Da vor der Duschkabine kein Vorhang hängt, wurde das Duschbecken etwas tiefer angelegt, um Überschwemmungen zu vermeiden. Das Bad ist der einzige Raum in der Wohnung, der eine Tür hat – die anderen Durchgänge sind offen.
Der Raum neben dem Bad, den man hier durch die offene Tür sieht, ist fast völlig leer und bildet so einen neutralen Übergang zwischen den verschiedenen Bereichen der Wohnung. Es wäre zwar ein

10

leichtes gewesen, die Wand zwischen diesem Raum und dem Wohnzimmer herauszureißen und das Wohnzimmer so zu vergrößern; dadurch wären aber die verschiedenen Bereiche der Wohnung direkt nebeneinander gelegen. Und damit wären ein Großteil der Privatsphäre und die ruhige Atmosphäre verloren gegangen, die minimalistisches Wohnen ja gerade fördern soll.

Die Abbildung zeigt den ursprünglichen Grundriß der Büroräume (grau) und die baulichen Veränderungen, die die jetzigen Besitzer durchführten (rot). Diese Veränderungen bestanden in erster Linie darin, Trennwände einzuziehen und Türen auszuhängen.

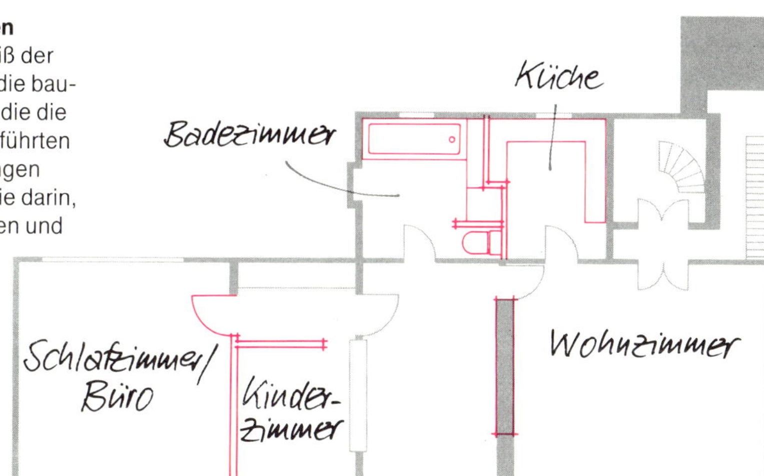

11

12

11 Der Arbeitsbereich nimmt eine Wand des Schlaf- und Arbeitsraumes ein. Auch hier ist vollkommene Schlichtheit das Merkmal der Einrichtung. Um das einfallende Licht zum Arbeiten bestmöglich nutzen zu können, ist unterhalb der Fenster als Arbeitsfläche eine lange, zweigeteilte Sperrholzplatte angebracht;
als zusätzliche Lichtquelle dient eine moderne italienische Schreibtischlampe. Der linke Teil der mit hellem Kunststoff beschichteten Arbeitsplatte, der als Zeichenbrett benutzt wird, ist in der Höhe verstellbar. In den Schubladenelementen darunter sind Zeichen- und Büroutensilien untergebracht.
Über die Leiter gelangt man zu einer schmalen Plattform vor geräumigen Stauräumen, die noch aus den Büro- und Lagerräumen stammen. Die jetzigen Besitzer erwägen nun, ob sie die Plattform zu einer Galerie erweitern und darauf den Schlafbereich anlegen sollen.

12 Das andere Ende des Raumes nimmt das Bett ein. Da die Kleidung in den Schränken über dem Arbeitsbereich aufbewahrt wird, läßt sich im Schlafbereich leicht Ordnung halten. Abgesehen von dem Bett mit den farbenfrohen Bezügen stehen hier nur noch eine Vase, ein Holzkästchen und ein kleiner geschwungener Holzhocker. Vor den Fenstern hängen helle Baumwollrollos. Die geradlinige Form der Rolloverblendung bildet ein gelungenes Gegengewicht zur runden Form der Heizkörper. Nichts stört hier die gelassene Atmosphäre des japanisch wirkenden Raumes.

Für Räume, die zu verschiedenen Zwecken genutzt werden, ist ein minimalistischer Ansatz gut geeignet, vor allem, wenn wegen der verschiedenen Tätigkeiten unterschiedliche Stile aufeinandertreffen. Die Funktionalität dieses Raumes bietet eine entspannte Atmosphäre für beide hier ausgeübten Tätigkeiten.

Klein, aber fein

Kleine Zimmer sehen meist mit Hilfe visueller Tricks, wie z. B. hellen Farben, verhaltenen Mustern und wenig Möbeln, größer aus, als sie in Wirklichkeit sind. Wie dieses Beispiel zeigt, kann auch der gegenteilige Ansatz zu einer gelungenen Lösung führen. Hier wurde kein Hehl aus der räumlichen Beengtheit gemacht und diese sogar betont, wodurch eine warme, gemütliche Wohnung entstanden ist.

Diese kleine Wohnung umfaßt ein Schlafzimmer, ein Bad, einen Flur, eine Kochnische und ein 3 × 3,5 m kleines Wohnzimmer. Da die Wohnung halb im Keller liegt und davor eine Mauer den Garten umschließt, hat man praktisch keine Aussicht. Bevor Jenny Taylor, die jetzige Besitzerin, die Wohnung kaufte, war sie gerade neu in gedämpften Farben tapeziert und mit geschmackvollen, unauffälligen Möbeln eingerichtet worden – für Jennys Geschmack allerdings etwas zu formell.

Es gehört schon eine Portion Mut dazu, eine neu und noch dazu so passend tapezierte und eingerichtete Wohnung nochmals neu zu gestalten. Abgesehen von ihrem persönlichen Geschmack waren die zusätzlichen Ausgaben aber auch durch einige praktische Vorteile gerechtfertigt. Da die vorhergehenden Arbeiten gut durchgeführt worden waren, waren im Grunde nur noch kosmetische Veränderungen notwendig, wodurch sich viel Zeit und Geld einsparen ließen. Einige der verwendeten Farben behielt Jenny gleich bei; die Einbauschränke wurden neu gestrichen, die Chintzvorhänge verkauft.

Wenn auch die Versuchung groß war, eine oder mehrere Wände herauszureißen, um einen größeren Raum zu schaffen, beließ es Jenny bei der alten Anordnung der Räume. Da man draußen nicht viel Interessantes sieht, wurde innerhalb des Wohnzimmers für ausreichend Blickfang gesorgt und als Ersatz für die fehlende Aussicht ein hübscher Vorhang angebracht. Als Gegengewicht zu den schildpattähnlichen Holzteilen wurden die Wände passend zu den roten Lampen in einem satten Rot gestrichen.

Die neue Dekoration war nach drei Monaten fertig. Jenny zog anfangs nur mit einem Bett ein, ein Teil ihrer Möbel ist immer noch in einem Lager eingestellt. Dafür wurden viele kleinere Objekte zur Schau gestellt, was die Schmuckkästchen-Atmosphäre der Wohnung betont.

1

1 Dieses Wohnzimmer ist fast völlig in Rottönen gehalten. Da es nicht besonders groß ist, paßten nur wenige von Jennys alten Möbeln hinein. Eine Ausnahme bildet das Sofa, das einen neuen roten Überzug mit grünen Zierstreifen erhielt. Der blaue Teppichboden, der in der ganzen Wohnung verlegt ist, war nur eine Kompromißlösung, da der Farbton, den Jenny eigentlich wollte, zu teuer war.

2 Mit diesem offenen Kamin werden gleich mehrere Illusionen erzeugt. Die Umrahmung ist lediglich aus Holz, das graubraun marmoriert und mit weißer und schwarzer Äderung versehen wurde. Die Feuerstelle fehlt ganz – der Eindruck von Tiefe wird durch einen schwarzen Anstrich auf dem Kaminvorsprung hervorgerufen. Durch den großen Spiegel und den »offenen Kamin« wirkt das Zimmer geräumiger, so daß der Verlust an Bodenfläche mehr als aufgewogen wird.

3

Festonrollos sind nicht gerade die billigste Art, ein Fenster zu dekorieren. Um eine volle Wirkung zu erzielen, ist viel Stoff nötig – lassen Sie sich daher von einem Fachmann beraten, so daß Sie auch die richtige Menge Stoff kaufen. Wenn Sie nicht gerade viel Erfahrung damit haben, sollten Sie solche Rollos lieber von einem Fachmann aufhängen lassen, damit sie auch leicht hochgezogen werden können.

3 Als Ausgleich für den wenig sehenswerten Ausblick wurde das Fenster mit langen Vorhängen und einem Festonrollo herausgeputzt. Die Vorhänge, die bis zum Boden reichen, sind mit dem grünen Baumwollstoff, aus dem auch das Rollo ist, besetzt. Durch die schlichten Stoffe für Rollo und Vorhang wurde ein zu verspielter Eindruck vermieden. Das nur ein Stück weit hochgezogene Rollo läßt nur wenig Licht herein – selbst im Sommer sind die Lampen immer eingeschaltet.

Der rote Tisch vor dem Fenster war ursprünglich ein einfacher Waschtisch aus Kiefer, den Jenny vor Jahren kaufte. Sie entfernte die hintere Holzumrandung und ließ den Tisch passend zu den Wänden streichen. Die wie Maserung aussehende Oberfläche wurde durch eine besondere Maltechnik erreicht.

Zu dem farblichen Konzept für die Wohnung wurde Jenny durch diese Lampe und ihr Gegenstück auf dem runden Tisch angeregt. Die schildpattähnlich bemalten Sockel gefielen ihr so gut, daß sie beschloß, weitere ähnlich aussehende Elemente zu verwenden. Da Schildpattimitationen recht auffällig aussehen, mußte als Ausgleich der Rest des Raumes in kräftigen Farben gestaltet werden. Passend zur Einrichtung erhielten die Lampen einen gefältelten, roten Papierschirm und eine grüne bzw. blaue Schleife. Durch das gedämpfte Licht entsteht eine intime Atmosphäre.

4

Die wie Maserung wirkende Oberfläche an den Vitrinentüren und am Tisch vor dem Fenster wurden durch eine besondere Technik erreicht. Dazu wird eine dünne Lasur auf eine Grundierung aufgetragen und, solange die Lasur noch feucht ist, mit einem trokkenen Pinsel – am besten mit harten Borsten – darübergefahren, wodurch die dünnen, parallelen Rillen entstehen.

5

4 Ein einfacher runder Tisch ist unter dieser appretierten Baumwolldecke verborgen, deren Paisley-Muster 13 Farben enthält. Die Decke war nicht gerade billig, aber sie sticht gut von der ansonsten kontrastarmen Umgebung ab.
Die rote Farbtünche verleiht den Wänden eine leicht strukturierte Oberfläche, die an Samt erinnert. Durch einen leuchtend pinkfarbenen Untergrund erhält der Deckanstrich zusätzlichen Glanz. Auf die Grundierung wurde zuvor eine rote Lasur aufgetragen, in der die Pinselstriche mit Hilfe des Pinsels besonders betont wurden. Der Deckanstrich wurde mit einer farblosen Lasur bedeckt, durch die die Oberfläche matt glänzt. Alle Malerarbeiten in dieser Wohnung ließ Jenny von Fachleuten durchführen.

5 Die Wände der Vitrinen, die in die Nischen links und rechts neben dem Kaminvorsprung eingepaßt wurden, waren ursprünglich in unauffälligen Beigetönen bemalt. Die Türen und die Zierleisten wurden dann im Rot der Wände gestrichen und mit derselben Technik wie der Tisch vor dem Fenster behandelt. Zufällig hatte der Stoff, mit dem die Felder in den Türen überzogen sind, bereits die passende rote Farbe.
Die Borde und die Rückwände der Vitrinen wurden als Kontrast dazu durch Schildpattimitation hervorgehoben. Wegen ihrer starken Wirkung sollten Schildpattimitationen immer nur auf kleineren Flächen, z. B. an Türen oder Leisten, verwendet werden. Kennzeichnend für das Aussehen von Schildpatt sind braune und bernsteinfarbene Flecken und dunkle verwischte Diagonalstreifen.

6

7

6 Neuen Schwung verleihen leuchtende Farben dieser winzigen Kochecke im Flur. Zu der Kombination von Tintenblau und leuchtendem Gelb wurde Jenny durch eine Fotografie angeregt, die Monets Küche in Giverny zeigte.
Die offene Anrichte ist eines von Jennys Lieblingsstücken. Passend zur jeweiligen Einrichtung wurde sie schon mehrere Male in neuen Farben gestrichen. Für diese Wohnung erhielt sie eine eierschalenfarbene Grundierung, auf die dunkelblaue Farbe aufgetragen und über die dann mit einem trockenen Pinsel gefahren wurde. Vor dem Fenster in der Hintertür hängt ein Rollo aus blauem Stoff mit gelben Randstreifen. Der Vorhang darüber, der aus demselben Stoff ist, verdeckt einen in die Wand über der Tür eingesetzten Ventilator.
Farblich auf diese Ecke abgestimmt ist eine Sammlung von Porzellantellern und -geschirr.

7 Die gedämpfte Farbe der gestreiften Tapete bildet im Flur, mit dem alle Zimmer verbunden sind, einen neutralen Bereich. Die Tapete wurde passend zur cremefarbenen Wandtäfelung ausgesucht; ungewöhnlich ist, daß auch die Decke damit tapeziert wurde. Der Zierstreifen entlang der Zierleiste und der Decke runden den Gesamteindruck ab.
Die schwarzen Moiré-Bänder, die in Form von Rosetten zusammengeheftet und an der Wand befestigt wurden, verleihen dem Flur eine Regency-Atmosphäre. Die Bilder wurden – wie ein Teil der Möbel und Ziergegenstände – gebraucht gekauft.
Es ist schon ein Unterschied, ob man die allgegenwärtigen Lichtschalter aus weißem Kunststoff verwendet oder diese Messingschalter, die zu den Türgriffen passen. Sie sind zwar teurer, geben dafür aber der gesamten Einrichtung eine leicht luxuriöse Note.

8

8 Keinen Hehl macht das Schlafzimmer daraus, daß es hübsch ist. Den Mittelpunkt bildet ein altes Bettgestell aus Eisen und Messing. Solche Betten sind sehr gefragt und daher meist auch recht teuer – selbst in Second-Hand-Läden. Dieses fand Jenny durch ein Zeitungsinserat. Leicht ramponiert und angerostet hatte es zusammen mit vier weiteren lange in einer Garage gestanden. Obwohl Jenny alle fünf nehmen mußte, war das Bett so immer noch billiger als eine Reproduktion.

Die blaßgelben Simse an der Decke und die Einbauschränke beließ Jenny so, wie sie sie beim Einzug vorfand. Die Wände dagegen wurden in einem Pinkton tapeziert.

Da das Erkerfenster zur Straße zeigt, wurde es völlig hinter einem Stoffrollo und einem hübsch gemusterten Vorhang verdeckt. Die beiden – recht teuren – Stoffe ergänzen einander in Farbe und Musterung. Wegen des Umfangs der Investition – für den Vorhang brauchte sie immerhin mehr als 20 m Stoff – ließ Jenny ihn gleich auch von einem Fachmann anbringen.

Ein Stück von diesem Vorhangstoff bedeckt auch eine Kieferkiste, die im Erker steht; auf der Glasplatte sind einige hübsche Accessoires angeordnet. Ein getüpfelter Baumwollvoile ist mit kunstvollen Schleifen und Rüschen, die fast wie Zuckerguß wirken, um eine Frisierkommode herum drapiert.

Die Lampen, deren Sockel wie Kerzenhalter aussehen, wurden mit weißen Papierschirmen und Schleifen versehen. Auch der runde Spiegel darüber wurde mit etwas größeren Schleifen verziert; er gehört zu einer Sammlung ähnlicher Spiegel aus den späten 40er Jahren.

Zufluchtsort

Als Mieter ist man selten bereit, an der Wohnung größere Veränderungen durchzuführen. Selbst wenn der Vermieter einverstanden ist, lohnt sich die Investition von Kapital und Zeit meist nicht, da einem die Wohnung ja nicht gehört. In der Hektik einer Großstadt wie New York aber, in der man irgendeinen Zufluchtsort braucht, ist es wichtig, seine Wohnung zu seiner eigenen zu machen, auch wenn man nicht sein ganzes Leben darin verbringen wird.

Alexander Vethers, ein Architekt aus Australien, der jetzt in New York lebt, hatte gleich zweifach Glück. Durch Zufall erfuhr er von diesem geräumigen, 1817 erbauten Haus am Rand von SoHo, das wegen seines Alters, wegen seines baulichen Charakters und wegen des einfallenden natürlichen Lichts in Manhattan Seltenheitswert hat. Dazu kam noch, daß die Besitzerin, die im selben Haus wohnt, nichts gegen seine Pläne bei der Innengestaltung einzuwenden hatte.

Die Sandsteinfassade war zwar vor einigen Jahren mit roten Ziegeln verkleidet worden, aber ein Großteil der ursprünglichen Details, wie die Fensterläden, der Holzboden, die Stuckornamente und der Kamin, blieben erhalten; zudem sind die Proportionen der Räume sehr ausgewogen. Abgesehen vom Verputz, mit dem die Oberfläche der Wände verschönert wurde, änderte Alexander nur wenig. Ebenso zurückhaltend ging er beim Anstreichen vor; die Wände, Decken und ein Teil der Böden wurden weiß gestrichen, wodurch sich die Räume gleichsam auflösen und die Details und die spärliche Einrichtung hervorgehoben werden. Dadurch werden auch die Unterschiede in der Beschaffenheit verschiedener Oberflächen betont, was vor allem im Flur und im Atelier ausgenutzt wurde.

Das hier verwendete Weiß, das durchschimmernd wie Porzellan ist, wurde eigens von einem Farbkünstler zusammengemischt. Da die Farbe sich mit dem Licht verändert, sind die meisten Besucher recht überrascht, wenn sie erfahren, daß in der ganzen Wohnung nur dieser eine Weißton verwendet wurde.

Die Wohnung hat eine ruhige Atmosphäre und wirkt mit seiner spärlichen Einrichtung, die nach Zweckmäßigkeit und ihren klaren Formen ausgesucht wurde, als Zufluchtsort ohne visuelle Ablenkungen und Disharmonien.

1

1 Vom Schlafzimmer im ersten Stock blickt man auf einen Garten mit Magnolien und blühenden Kirschbäumen. An dünnen Holzstäben sind Vorhänge aus Shantung-Seide befestigt. Die Bettdecke ist aus Goldbrokat; die Kissen sind mit Stoff aus Japan überzogen. Um einen helleren Ton zu erzielen, wurde der Boden mehrmals mit einem Bleichmittel behandelt.

2

2 Das Treppenhaus mit den unverputzten Wänden war früher recht düster. Unter dem Teppichboden, der auf den Treppen verlegt war, fand Alexander auf dem Treppenabsatz einen reizvollen Mosaikboden. Als die Wände gestrichen wurden, deckte er zuvor die Holzstufen mit Papier ab. Trotzdem sickerte Farbe durch, so daß es aussah, als würde die weiße Farbe der Treppe abblättern. Alexander gefiel dieser Effekt so gut, daß er ihn noch weiter verstärkte.

3

Bevor Sie in einer Mietswohnung größere Veränderungen vornehmen, sollten Sie den Mietvertrag studieren oder den Vermieter fragen, was alles erlaubt ist. Gegen neue Tapeten haben sicher die wenigsten Vermieter etwas, bei Umbauten dagegen müssen Sie sich wohl absprechen. Was Sie verändern wollen, hängt auch davon ab, wie lange Sie dort wohnen werden. Mit einigen Investitionen können Sie Ihr Leben dort jedoch angenehmer gestalten.

3 Das Eßzimmer im ersten Stock ist über eine Flügeltür mit der Küche verbunden. Der Boden wurde wie der im Schlafzimmer mit Bleichmittel behandelt, um die warme Farbe des Kiefernholzes abzuschwächen.
Die übrigen Oberflächen wurden in einem besonderen Weißton gestrichen, dessen Farbzusammensetzung von Don Kaufman stammt, der bei Ausstellungen für den Farbhintergrund sorgt. Dazu mischte er einem sehr reinen Weiß verschiedene Pigmente bei, wodurch ein mattschimmernder Weißton entstand. Das Prunkstück in diesem Raum ist der Kronleuchter aus der Belle Époque mit seinen Lilien aus weißem Glas, den Alexander bei einem Antiquitätenhändler in New York kaufte. Der Eßtisch besteht aus zwei grünen Marmorplatten, die auf einem Tisch aus einem Refektorium liegen. Auf dem Tisch stehen alte Weißweingläser aus Deutschland; die Krüge stammen aus Amerika.

4 Die Küchenschränke aus Holz mit den gußeisernen Scharnieren und Griffen fand Alexander beim Einzug schon in der Küche vor; er mußte sie lediglich noch mit weißer Farbe streichen.
Die meisten Küchengeräte, wie z. B. ein Dampfkochtopf oder ein handgeflochtener Servierkorb, stammen aus Chinatown, das nicht weit von der Wohnung entfernt liegt. Den eleganten Kessel entwarf der amerikanische Architekt Michael Graves.

4

5

6

5 Alexander in seinem Atelier. Die Tuscheskizzen an der Wand sind Studien für einige größere Bilder, die das New Yorker Kaufhaus Bergdorf Goodman bei ihm als Hintergrund für Schaufenster in Auftrag gab. Ihre kalligraphische Eigenschaft harmonisiert mit der Schlichtheit der Einrichtung – Alexander ist der Ansicht, daß eine geringe Anzahl an Gegenständen nicht nur Zeit bei der Instandhaltung spart, sondern auch die Phantasie anregt.

6 Zwei Räume im zweiten Stock dienen als Atelier. Dieser nach Westen liegende Raum hat sehr gutes Licht und wird für vorbereitende Arbeiten genutzt. Als der recht heruntergekommene Teppichboden herausgerissen wurde, kam ein Boden aus neuen Holzbrettern zum Vorschein, der aber nicht die Eigenschaften des ansonsten verlegten Kiefernbodens aufwies. Alexander entschloß sich, den Boden weiß zu streichen – was sich aber wirklich nur für Räume eignet, die lediglich von wenigen Personen benutzt werden.
Obwohl vor den Fenstern im Augenblick keine Vorhänge hängen, damit das einfallende Licht voll ausgenutzt werden kann, ist es im Sommer im Atelier sehr heiß.
Auch im Atelier wurden die Möbel nach Funktionalität und Schönheit der Form ausgewählt. Die zwei modernen Tische stammen von dem befreundeten Designer Thomas Wendtland. Bei beiden sind die Beine aus oxidiertem Kupfer; dessen grüne Farbe erinnert an östliche Bronzefiguren. Die Tischplatten aus poliertem Stahl sind so dünn, daß sie zu schweben scheinen. Die handgetöpferte Schüssel ist mit einer Kupferglasur überzogen. Die Metallstühle sind wie die aus dem Eßzimmer (siehe 3) aus Italien; die Anregung zu ihrer Gestalt stammt von den gußeisernen Stühlen und Bänken in europäischen Parks.

7

Auch wenn Veränderungen der Lichtintensität und -farbe beim Zeichnen nicht stören, beeinträchtigen sie die Arbeit mit Farbe doch erheblich. Maler bevorzugen Räume mit Nordfenstern, da dort die Intensität des Lichts den ganzen Tag über recht konstant bleibt und sie so länger arbeiten können. Zudem hat das Licht dort einen kühlen Ton, so daß man Farbwerte sehr genau beurteilen kann.

7 Das zweite Atelier ist in einem Raum mit fünf Wänden untergebracht, der nur durch ein Oberlicht beleuchtet wird. Da ein Oberlicht als Lichtquelle fast so günstig wie ein Nordfenster ist, arbeitet Alexander hier an seinen Bildern.
Auf die Wände wurde mit einem Schwamm weiße Tünche aufgetragen. Unter mehreren Schichten Teppichboden kamen diese Preßspanplatten zum Vorschein, die wie die Wände getüncht wurden. Die ungleichmäßige Oberfläche des getünchten Bodens ist auf den Klebstoff zurückzuführen, mit dem der Teppichboden befestigt wurde und der teilweise noch an den Platten haftet.
Die Ente vor den Strohhüten war ursprünglich als Kletterrahmen für Pflanzen gedacht. An zwei Wänden sind Wandschränke mit Jalousietüren angebracht. In dem einem werden Kleidungsstücke und Leinenwäsche, im anderen Arbeitsmaterialien aufbewahrt.

Vielfalt ist ein wichtiges Element. In dieser Wohnung wurde zwar durchgängig nur ein einziger Weißton verwendet; da er aber auf unterschiedliche Oberflächen aufgetragen wurde, entsteht der Eindruck verschiedener Farbtöne. Abgesehen vom Treppenhaus wurden die meisten Wände verputzt. Die Böden erhielten dagegen ein bewußt abgenutztes Aussehen, wodurch ein reizvoller rhythmischer Wechsel zwischen Alt und Neu entstand.

Zimmer mit Aussicht

Viele Wohnungen in der Stadt sind verständlicherweise mehr nach innen orientiert und vom Verkehr und anderen Ablenkungen durch das Stadtleben abgewandt. Dieses kleine viktorianische Reihenhaus, das in einer ruhigen Gegend abseits der Hauptverkehrsstraße liegt, bietet hingegen eine Reihe interessanter Aus- und Einblicke. Mit einfachen Umbauten, geschickt angebrachten Spiegeln und gutem Geschmack wurde hier eine ländliche Atmosphäre geschaffen, ohne daß die Privatsphäre und der ursprüngliche Charakter verlorengingen.

Das Haus wurde von Maureen Walker vor einigen Jahren in recht gutem Zustand gekauft. Da keine größeren Arbeiten erforderlich waren, konnte sich Maureen ganz auf die Umbauten konzentrieren, durch die die kleinen Räume geöffnet und vergrößert wurden.

Im ersten Stock wurde eine Trennwand herausgerissen, so daß sich das Wohnzimmer nun von der Vorder- bis zur Rückseite des Hauses erstreckt; anstelle der Schiebefenster wurde an der Rückseite eine Verandatür eingesetzt.

Ursprünglich befand sich die Küche in einem kleinen Anbau im Erdgeschoß. Dieser wurde abgerissen und dafür eine durch eine Stützmauer abgeschirmte Veranda angelegt; auch hier wurden die Schiebefenster in eine Tür umgewandelt. Die Küche wurde in einen der zwei Räume im Erdgeschoß verlegt, und erst kürzlich wurde die Wand entlang der Treppen entfernt, um die Bodenfläche zu vergrößern. Ein Spiegel über der Spüle reflektiert den hinteren Garten und die Veranda.

Im vorderen Garten pflanzte Maureen einen Baum, der den Blick aus dem Wohnzimmerfenster mildert; an der Hinterseite umrahmt eine Kletterrose das Badezimmerfenster. Die Veranda wirkt wie ein Zimmer im Freien, das die Küche mit dem Garten verbindet.

Da sie Bücher über Inneneinrichtung schreibt, kommt Maureen mit vielen verschiedenen Stilen und Versuchen in Berührung; an die Gestaltung ihres Hauses ist sie allerdings ohne vorgefaßte Meinung herangegangen. Die Farben sind warm und hell, und die Zimmer sind mit Möbeln und Gegenständen, die Maureen gesammelt hat, eingerichtet. Das Ergebnis ist eine ansprechende und bequeme Wohnung zum Wohlfühlen.

1

1, 2 Die helle freundliche Küche erhält durch eine Verandatür, die zu einer Terrasse führt, viel Licht. Die lindgrünen Küchenschränke sind aus Faserplatten; damit sie nicht zu neu aussehen, wurden sie nur einmal gestrichen.
Nachdem der ursprüngliche Anstrich abgelöst worden war, wurde der gußeiserne Kamin mit einem Sandstrahler behandelt und dann schwarz gestrichen.

2

Das teuerste, dafür aber wirkungsvollste Element in der Küche ist der Bodenbelag aus marmorierten Kunststofffliesen. Obwohl ihr davon abgeraten wurde, ließ Maureen diese Fliesen verlegen – was sich als eine gute Lösung herausgestellt hat.
Im Schränkchen unter dem zurückgesetzten Fenster ist eine Waschmaschine untergebracht. Der Türeinsatz wurde mit einer Tapete, die holländischen Kacheln nachempfunden ist, beklebt.

3 Durch Herausreißen einer Trennwand wurde hier ein geräumiger Wohnraum geschaffen. Der neue Raum beherbergt eine Sitzecke und eine Eßecke. Der Parkettboden, dessen Dielenbretter diagonal und bis in den Flur verlegt wurden, trägt dazu bei, daß der Raum einheitlich wirkt. Durch die warme, helle Farbe der Decke und der Wände und durch die blaugrauen Zierstreifen um die Fenster und unterhalb der Decke wirkt der Raum sehr geschlossen.
Die Möbelstücke stammen aus verschiedenen Epochen und aus verschiedenen Quellen, trotzdem entsteht der Eindruck, sie gehörten schon immer zusammen. Dieser Eindruck wurde von Maureen dadurch verstärkt, daß sie das Sofa neu überzog und den Stuhl passend bemalte.

3

4 Die andere Hälfte des Raumes nimmt eine Eßecke ein. Da man von den Stühlen aus nicht auf den Garten sehen konnte, wurde das Schiebefenster durch eine Verandatür ersetzt. Diese erstand Maureen zusammen mit der aus der Küche bei einem Altwarenhändler.
Die bodenlangen Vorhänge aus Baumwolle, die an einer sehr langen Holzstange hängen, fand sie recht günstig in einem Trödelladen. Auch die schmale Vitrine, die jetzt als Hausbar dient, stammt aus einer solchen Quelle.
Da nicht mehr genug Geld übrig war, konnte Maureen den Sims, der in der Sitzecke entlang der Decke verläuft, nicht auch in der Eßecke anbringen lassen. Dafür läuft die blaugraue Zierleiste etwas unterhalb der Decke um das ganze Zimmer und schafft einen Zusammenhang.

4

5

Da hier die Trennwand vollständig herausgerissen und nicht nur ein Türbogen angelegt wurde, erinnern die beiden Kaminvorsprünge, die an derselben Wand nebeneinander angeordnet sind, daran, daß der große Raum einmal geteilt war. Mit Hilfe einer Vitrine, die sie davor stellte (siehe 4), gelang es Maureen, einen Vorsprung etwas zu verdecken – aus Kostengründen konnte sie ihn nämlich nicht herausreißen lassen.

5 Obwohl im Badezimmer – wie in der Küche – neue Installationen verlegt wurden, gelang es, ein angenehm altmodisches Aussehen zu bewahren. Durch die Täfelung mit pergamentfarbenen Nut- und Feder-Brettern paßt das Bad farblich zu den übrigen Räumen.
Das Waschbecken stammt aus dem alten Savoy Hotel in London; die Chromelemente im Stil der 30er Jahre fand Maureen in einem Kaufhaus. Da Maureen es sich nicht leisten konnte, die Wände im Bad neu verputzen zu lassen, verbarg sie ihre unebene Oberfläche unter einer hübschen marmorierten Tapete.

Wenden Sie sich immer erst an einen Fachmann, bevor Sie Umbauten in Ihrer Wohnung vornehmen. Durch Herausreißen einer Wand oder Vergrößern einer Öffnung kann die Statik des Hauses beeinträchtigt werden, falls es nicht entsprechend verstärkt wird. Es empfiehlt sich auch, derartige Veränderungen von einem Architekten oder einem Gutachter überwachen und überprüfen zu lassen.

Neu zusammengesetzt

Für etwas, das andere ausrangiert haben, neue Verwendung zu finden, kann besonders befriedigend sein. Beim Stöbern in Bauschuttcontainern, auf Baustellen und Schrottplätzen findet man intakte und verwertbare Materialien, Elemente aus verschiedenen Epochen und ungewöhnliche Möbelstücke im Überfluß. Diese Küche, die als eine Art Collage der Architekturgeschichte konzipiert ist, ist fast vollständig mit solchen Funden eingerichtet, die – abgesehen von Zeit – so gut wie nichts kosteten.

Vor fünf Jahren kaufte der Architekt Pedro Guedes dieses geräumige viktorianische Reihenhaus – bis heute ist die Küche immer noch der einzige vollständig eingerichtete Raum. Als er es kaufte, war das Haus eine »Ruine«. Nachdem er die Folgen von Feuchtigkeit und Fäulnis beseitigt und die Böden, die Wände und das Dach repariert hatte, war nur noch wenig Geld für die Einrichtung übrig. Bei der Gestaltung der Küche machte Pedro jedoch nicht aus der Not eine Tugend – hier konnte er mit Materialien guter Qualität arbeiten, handwerkliche Techniken ausprobieren und seine Vorstellungen verwirklichen.

Die Grundlage der Einrichtung sind einige Stücke, die er bereits besaß und zu denen auch drei viktorianische Sideboards gehörten. Dabei kam ihm die Idee, die Vorderansicht einer Häuserreihe nachzuahmen, wobei die Möbelstücke das Aussehen oder Elemente von Gebäuden verschiedener Stilrichtungen haben sollten.

Es dauerte lange, bis er die richtigen Stücke beisammen hatte. Auf Baustellen fand er Originaldetails, bei einem Steinmetz ein nicht mehr gebrauchtes Stück Marmor. In Trödelläden suchte er nach geeigneten Möbelstücken, die er alle nicht in ihrem ursprünglichen Zustand verwendete. Er nahm Frisierkommoden, Stühle, Bettgestelle und eine Garderobe auseinander und setzte die Teile als Gewürz- und Tellerregal und zu Schränken wieder zusammen – sogar das Jugendstilgitter eines Fahrstuhlschachts wurde zu einer *batterie de cuisine* umgewandelt.

Mit scharfem Blick erkennt man vielleicht das eine oder andere Symbol oder eine Anspielung, die Pedro in die Einrichtung einarbeitete. Dieser faszinierend unkonventionelle Raum zeigt, was man mit Witz und Fantasie aus alten, »unbrauchbaren« Dingen machen kann.

1

1 Den Grundstock dieser einzigartigen Einbauküche bilden drei viktorianische Sideboards. Sie wurden abgebeizt, abgeschmirgelt und so zurechtgeschnitten, daß sie eine gleich hohe Reihe bilden. Eine Marmorplatte von einem Steinmetz, die Pedro zuschnitt und polierte, dient als Arbeitsfläche. Darüber wurden aus gebrauchten Möbeln und anderen Stücken zusammengebaute Küchenmöbel angebracht.

2

2 Über dem Gasherd wurde dieses schmiedeeiserne Jugendstilgitter befestigt, an dem Tiegel, Pfannen und Kannen hängen. Nachdem die ursprüngliche Farbe entfernt worden war, wurde das Gitter mit einer Drahtbürste behandelt und lackiert. Darüber wurden Kupfer- und Messingstreifen zu einem Muster zusammengesetzt, das Flammen symbolisieren soll. Die schwarze, an die Wand geschraubte Marmorplatte bildet eine prächtige, abwaschbare Oberfläche.

3

4

Um Farbe oder Lack von einem alten Möbelstück abzulösen, wird es heute meist in ein Ätzbad gelegt. Dafür sind Stücke mit feinen Schnitzereien oder Mustern allerdings weniger geeignet. Für solche Fälle gibt es eine behutsamere, allerdings umständlichere Alternative – dabei wird der Lack mit denaturiertem Alkohol abgelöst und die Oberfläche mit feinem Glaspapier oder Drahtwolle abgeschmirgelt.

3 Über dem Gasherd ist eine Dunstabzugshaube in Form eines Dachgiebels angebracht. Sie ist aus Holz und wurde mit einer Abdeckung aus zurechtgeschnittenem und festgelötetem Messing versehen. Die Unterseite ist wegen mehrerer Glanzlackschichten sehr pflegeleicht. Das Thema »Feuer« setzt sich in dem fackelähnlichen Kerzenhalter fort, der aus dem Bein eines Frisiertisches gebildet wurde und mit einem Reflektor aus Messingblech versehen ist. Der Kerzenhalter selbst wird von einem Metallstab aus einem ehemaligen Bettgestell gehalten, der waagerecht von der Wand absteht. An diesem Stab hängen zusammengebundene Kerzen und Knoblauchstränge.

4 Das Gewürzregal am linken Bildrand wurde aus dem Kopfteil eines Bettes gemacht, der Geschirrständer daneben aus der Rückseite einer Garderobe; die Seitenteile bilden Holzstücke aus einem der Sideboards. Das Thema dieser über der Spüle angebrachten Konstruktion mit den schilfrohrförmigen Verzierungen ist »Wasser«. Die zu beiden Seiten angebrachten Messinglampen mit den ziehharmonikaartigen Halterungen stammen aus einem Kartenraum im britischen Marineministerium – sie gehören zu den wenigen hier verwendeten Stücken, die recht teuer waren. Rechts neben der Konstruktion ist als Bullauge ein Glasziegel angebracht.

5

5 Diese große tempel-ähnliche Konstruktion, die von vielen Symbolen umgeben ist, die »Tag« und »Nacht« darstellen, dient als Regal für getrocknete Lebensmittel. Zum Bau des Regals wurden Teile eines Sideboards verwendet. Das Giebeldreieck ruht auf halbierten Tischbeinen, die wie Säulen aussehen. Die Holztafel hinter dem Tempel wurde schwarz gestrichen und mit »Sternen« besetzt. An der Wand rechts neben dem Regal wurde eine »Sonne« angebracht, die aus einer runden Messingscheibe mit eingepaßter Reflektorlampe besteht; dünne Holzleisten bilden die Sonnenstrahlen. Die Sägearbeit darüber wirft wolkenförmige Schatten an die Decke. Jedes Fleckchen wurde hier mit kunsthistorischen Zitaten und Anspielungen versehen – so z. B. auch der Zierstreifen, der die Decke entlang um den ganzen Raum verläuft. Da in der Küche die ursprünglichen Deckensimse fehlten, brachte Pedro selbst Stucksimse an. Diese sahen ihm jedoch zu einfach und gleichförmig aus, so daß er einen Zierstreifen anbrachte, der aus 15 cm hohen Spiegelkacheln und damit abwechselnden Triglyphen besteht. Die Triglyphen – »Dreischlitze« – wurden aus Holz ausgesägt und mit einem »griechischen« Blau bemalt. In einem Zwischenraum zwischen zwei Sideboards sind Schubladen aus Nähmaschinen angebracht, in denen Pedro Besteck aufbewahrt.

Um diese komplexe Konstruktion, die sich nicht selbst tragen kann, an der Wand zu befestigen, kleidete Pedro die Wand mit Sperrholz aus und schraubte die einzelnen Bestandteile der Konstruktion daran fest. Anstatt sie zu verbergen, brachte Pedro die Schrauben mit den großen Messingköpfen bewußt sichtbar an, so daß sie jetzt selbst einen Bestandteil der Konstruktion bilden.

Ein Hauch von Luxus

Als die Bildhauerin Elyane de la Rochette diese Wohnung zum ersten Mal sah, war sie trist und in schlechtem Zustand – mit schmuddelig grauen Teppichen, mit mattem cremefarbenem Anstrich und voller Abfall. Sie war aber großzügig angelegt, und durch die zimmerhohen Fenster kam viel natürliches Licht.

Entscheidend waren jedoch – abgesehen von dem idealen Licht – die vier großen Räume und die gute Lage, derentwegen der Kaufpreis allerdings so hoch war, daß kaum etwas für die Einrichtung übrig blieb.

Zum Glück war die Substanz intakt, so daß keine größeren Veränderungen und Ausbesserungen, dafür aber umfassende Verschönerungsarbeiten nötig waren. Heraus kam eine eigenwillige Einrichtung, in der die Möbel und Gegenstände eher wie Requisiten auf einer Bühne wirken denn als feste Teile der Einrichtung. Die Gestaltung wurde zum Teil vom vergangenen Glanz Venedigs und Versailles beeinflußt; die Anspielungen sind jedoch nicht zu stark aufgetragen, sondern vielmehr geschickt in Details angedeutet. Eine so gelungene und amüsante Wirkung erzielt man nur, wenn man genau weiß, wann man aufhören muß.

Durch die konsequente Verwendung von nur drei Farben – ein weicher, matter Pfirsichton, Aquamarin und zur Akzentuierung Altgold – wirkt die Wohnung sehr geschlossen und oft auch sehr exklusiv. Die Farben wurden eigens zusammengemischt, und jeder Gegenstand entsprechend ausgewählt bzw. angemalt – und doch fallen einem die Farben zu allerletzt auf.

Elyane arbeitet vor allem mit Treibholz und Schnittabfall von Holz, worauf sie Pigmentpulver aufträgt und auf diese Weise ungewöhnliche Skulpturen schafft. Auch an ihrer Wohnung erkennt man diese Vorliebe für das Improvisieren und Herausputzen von Zufallsfunden. Gelegentlich arbeitet sie auch als Floristin und gestaltet Töpferwaren, was sich in außergewöhnlichen und meisterhaften Arrangements zeigt – oft einfach nur eine Vase und eine Blume.

Elyane bezeichnet ihre Wohnung mit ihrem unwirklich wirkenden Nebeneinander verschiedener Dinge als einen »Traumort«. Diese eigenwillige, dabei aber zeitlose Wohnung belegt deutlich, daß eine prachtvolle Einrichtung nicht teuer sein muß.

1

1 Ein wichtiges Element in diesem geräumigen Wohnzimmer sind die Fenster. Von dem Vorhangstoff – handgewebte indische Seide – kaufte Elyane gleich einen ganzen Ballen über einen Großhändler; dadurch kostete er nur einen Bruchteil des üblichen Preises. In der Eßecke steht ein ungewöhnlicher »Tisch mit 13 Beinen«, den der Designer Mattia Bonetti entwarf. Das Gesteck auf dem Tisch zeigt Elyanes Interesse an der japanischen Kunst der Blumenarrangements. Unter den weißen Schonbezügen aus Baumwolle stecken einfache Klappstühle.

2

2 Das Profil des Deckensimses wird durch echtes Blattgold betont. Parallel dazu verläuft eine Schablonenzeichnung, zu der Elyane in Versailles angeregt wurde und die sie selbst mit deckenden Wasserfarben bemalte. Ursprünglich war der Fries noch umfangreicher, aber Elyane fand ihn zu überladen und übermalte einen Teil davon. Ein gutes Beispiel für die nicht sehr weit verbreitete Gabe, zu »wissen«, wann man aufhören muß«.

3

Geben Sie Farbe, wie sie Künstler verwenden, in kleinen Mengen in die Grundfarbe und verrühren Sie sie gut. Probieren Sie die Farbmischung auf einer unauffälligen Stelle aus, und lassen Sie sie trocknen – Farben werden etwas dunkler, wenn sie trocknen. Mischen Sie immer mehr Farbe zusammen als Sie zu benötigen glauben – so können Sie ohne Schwierigkeiten Ausbesserungen vornehmen und haben genug Farbe, falls Sie doch noch welche brauchen.

3 Durch die hellen, warmen Wände im offenen Wohnbereich wird das einfallende Licht gut ausgenutzt. Da es den Farbton, den Elyane suchte, im Handel nicht gab, entschied sie sich für eine dem gewünschten Farbton am nächsten kommende matte Emulsion, die für Wände und Decken geeignet war. Dann veränderte sie den für sie »zu süßen« Pastellton durch Beimischen von Ocker-, Bernstein- und Schwarztönen und schuf so einen »kalkigen« Pfirsichton. Wenn Sie sich die gewünschten Farbtöne selbst zusammenmischen wollen, brauchen Sie etwas Übung und Geduld und ein Vorbild – z. B. ein Stück Stoff oder auch ein Foto, das genau den gewünschten Ton zeigt.
Das Sofa, das Elyane bei einer Auktion ersteigerte und mit einem Samtbezug versah, bildet mit seinen üppigen Formen und seiner Farbe den Brennpunkt im Raum – schließlich ist es das einzige dunkle Stück.
Neben dem Sofa steht eine von Elyanes Skulpturen – ein Stück Treibholz, das zum Teil mit tieforanger Farbe bemalt wurde und in dem eine Lampe untergebracht ist. Das keltische Kreuz im offenen Kamin (siehe 1) nimmt den Goldton anderer Stücke im Raum wieder auf – z. B. den Ton des prunkvollen Kronleuchters über dem Eßtisch, den Elyane zusammen mit einem weiteren während eines Aufenthalts in Indien kaufte.

4

5

4 Die Küche ist etwas erhöht an der Stirnseite des Wohnzimmers angebracht. Die klassischen getäfelten Küchenschränke fand Elyane bei ihrem Einzug bereits vor; sie mußte sie nur noch passend zur neuen Farbe der Wände streichen. Da die Küche vom Wohnbereich nicht abgetrennt ist, wurden alle Küchengeräte, das Geschirr und alle Utensilien in den Schränken verstaut und dekorativere Gegenstände, wie Keramikwaren und mit hellem Pigmentpulver gefüllte Gläser, auf Borden gut sichtbar aufgestellt. Ebenfalls in einem großen Schrank verborgen sind der Kühlschrank, die Waschmaschine und der Boiler.
Lackierte Dielenbretter haben oft eine grelle orangegelbe Farbe, die die Wirkung der zarten Farbtöne in der Wohnung sicher zerstört hätte. Die blasse, honigfarbene Oberfläche, die der Boden jetzt hat, wurde durch Tünchen und Lackieren der Dielenbretter erreicht. Dies war zwar billiger als das Verlegen eines neuen, andersfarbigen Holzbodens, dafür aber auch mit viel Arbeit verbunden. Die Dielenbretter mußten dazu mehrere Male abgeschmirgelt werden, anschließend wurde eine dünne Schicht Tünche aufgetragen, durch die die Maserung des Holzes gut zu sehen ist. Abschließend mußten noch – über mehrere Tage verteilt – vier Schichten Klarsichtlack aufgetragen werden.

5 Der Flur ist mit Fliesen in gedämpften Farben aus der Zeit Edwards VII. gepflastert, die in gutem Zustand unter einem alten Teppich zum Vorschein kamen. Mit seinen warmen, erdigen Farben bildet der Flur einen freundlichen Zugang zum Wohnbereich. Zwei übergroße Laternen aus Buntglas werfen bunte Flecken an die Decke, über der Arbeitsfläche in der Küche hängen vergoldete Putten, die gläserne Weinreben halten, in denen Glühbirnen stecken.

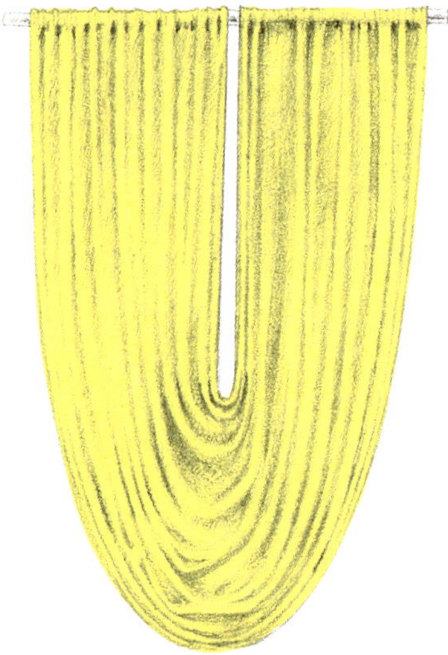

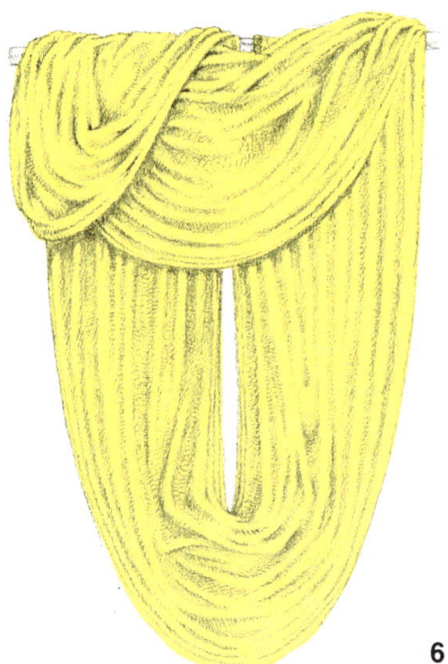

6

Der Nylonvorhang in der Küche ist 3,5 × 2 m, der Sari ca. 1 × 7 m groß; anstelle eines Sari kann auch ein entsprechendes Stück Stoff verwendet werden. Für die Dekorierung des Schlafzimmers waren 25 m gefältelter Baumwollmusselin notwendig – ein ganzer Ballen. Auch hier gilt: Kaufen Sie immer mehr als Sie zu benötigen glauben.

6 Ein ocker- und goldfarbener Sari, der über einen orangefarbenen Nylonvorhang drapiert wurde, verleiht diesen Fenstern über der Küchenspüle Glanz.
Ein billiges, langes Nylontuch wurde an beiden Enden zu einer Schleife zusammengenäht und auf eine Gardinenstange gereiht. Der Sari wurde an einem Ende festgeheftet und locker über die Gardinenstange drapiert. Das lose Ende wurde hochgeschlagen und festgeheftet und anschließend zurechtgezupft.

7 Den Mittelpunkt im großen Schlafzimmer bildet dieses Bett von Mattia Bonetti. Ein hauchdünner Hochzeits-Sari, der über die grünen, schmiedeeisernen »Bettpfosten« gehängt wurde, dient als Baldachin; die grüne Farbe wird vom Kronleuchter aufgenommen. Das durch die Musselinvorhänge vor den Fenstern strahlende Licht bekommt durch sie einen besonderen Schimmer; vom Stoff wurde aus Kostengründen ebenfalls gleich ein ganzer Ballen gekauft.

Die Vorhänge im Schlafzimmer hängen an herkömmlichen Gardinenstangen mit abschließenden Rundknöpfen. Die Vorhänge wurden dazu an einem Ende umgenäht, durch das die Stange gesteckt wurde. Sobald sie vor dem Fenster hängen, kann man die Falten nach Belieben zurechtzupfen; Elyane befestigte zusätzlich den Stoff geschickt an den Wänden. Wichtig ist eine ausreichende Menge Stoff, damit die Vorhänge schön in Falten fallen können.

7

8 Elyane posiert mit ihrem Hund vor den Ausstellregalen in ihrem Atelier. Auf dem Rega' sind Steingutkrüge und -vasen zu sehen, die Elyane für ihre Blumenarrangements entwarf und in Zusammenarbeit mit dem Töpfer George Wilson herstellte.

8

9

10

9 Das durchgängig weiß gestrichene Atelier bildet einen neutralen Hintergrund für Elyanes Arbeit. Schwierigkeiten hatte sie mit dem Boden: er wurde abgeschmirgelt und mit weißem Glanzlack gestrichen, verfärbte sich aber innerhalb von sechs Monaten. Daraufhin wurde ein matter Anstrich mit Bootsfarbe aufgetragen, der sich zwar nicht verfärbt, auf dem man aber jeden Fußabdruck sieht. Hinter der Papierjalousie werden Arbeitsmaterialien aufbewahrt. Vor das Fenster wurden dreieckige Bahnen eines gemusterten Stoffes gespannt.
Die Ausstellregale verlaufen entlang einer ganzen Atelierwand. Auf den Glasborden scheinen die Töpfe und Krüge zu schweben – ein Effekt, den Elyane im Schaufenster eines Pariser Ladens entdeckte. Die Borde hängen an festen Stahldrähten und sind in der Höhe verstellbar. Die gesamte Konstruktion wird von dünnen, weißen Stahlrohren getragen.

10 Das zweite Schlafzimmer ist noch nicht fertig eingerichtet. Durch die über das Bett und den Sessel geworfenen Baumwollbahnen wirken diese weniger wuchtig. Sehr effektvoll sind die zwei Bücher, die auf den Armlehnen des Sessels liegen.
Römischen Theatern nachempfunden sind die an Stoffbändern aufgehängten Vorhänge aus afrikanischer Spitze, die mit glitzernden Sternen besetzt sind.

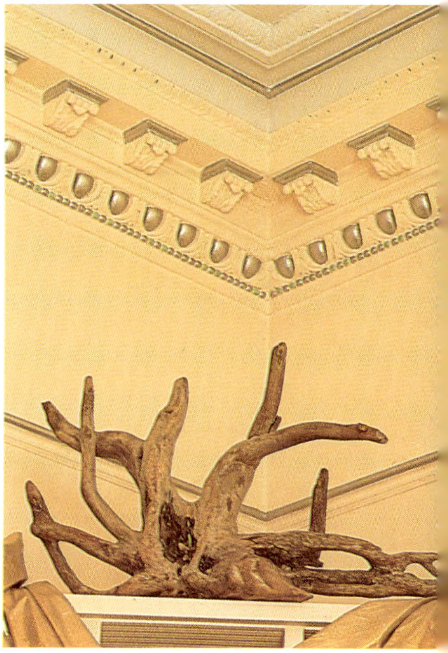

11

11 Einige Elemente des Deckensimses wurden mit silberner Wasserfarbe und smaragdgrünem Emaillack hervorgehoben – wozu Elyane stundenlang konzentriert auf einer Leiter stehend arbeiten mußte. Die blaßblaue Farbe der Decke und das verblichene Rosa der Wände mischte Elyane selbst zusammen.
Das prachtvolle Objekt, auf dem eine Baumwurzel thront, besteht aus einem auf der Seite liegenden Bücherregal, über dem ein goldfarbener Stoff hängt.

Schiffsform

Man kann zwar Räume neu anlegen und einrichten, das Äußere eines Hauses verändern und noch einiges andere mehr, den Standort eines Hauses jedoch kann man nicht verändern. Eine wirklich sehenswerte Umgebung kann, selbst wenn das Haus in schlechtem Zustand ist, ein guter Grund für einen Kauf sein.

Als Bob und Joan Bayley dieses Haus auf Long Island zum ersten Mal sahen, steckten sie gerade mitten in Umbauarbeiten und dachten nicht im Traum daran, noch ein renovierungsbedürftiges Haus zu kaufen. Dieses Haus stand seit Jahren leer, es war nicht isoliert, das Dach war undicht, neue Installationen waren nötig, und das Äußere war durch häßliche Schindeln verunstaltet. Trotzdem konnten die Bayleys dem Zauber der Umgebung nicht widerstehen – das Haus liegt direkt am Meer, mit einem wunderbaren Blick über eine Bucht.

Anstatt das Haus abzureißen und neu aufzubauen, entschieden sie sich für die günstigere Lösung, das Vorhandene zu verändern. Das Haus war 1901 als Schauspielhaus mit einem einzigen Raum erbaut und in den 30er Jahren um ein Schlafzimmer, ein Bad und eine Küche erweitert worden. Die Bayleys vergrößerten die Küche und das Wohnzimmer, legten ein Sonnendach an und verwandelten die Toilette in ein großes Badezimmer. Zur besseren Beleuchtung, zur Isolierung und wegen des herrlichen Ausblicks wurden im ersten Stock großflächige Doppelglasfenster eingebaut; zudem wurden die Wände um die Treppe herausgerissen. Durch sorgfältige Planung gelang es Bob, der Architekt ist, die Kosten in einem vernünftigen Rahmen zu halten und den ursprünglichen Charakter des Hauses weitgehend zu erhalten. Die alten Fenster aus den 30er Jahren wurden im neuen Wintergarten eingesetzt, in der Küche wurden Bodenbretter aus dem Wohnzimmer verlegt. Der Schornstein wurde aus Steinen vom Strand gebaut und das Haus mit Stücken aus Second-Hand-Läden und ähnlichen Quellen eingerichtet.

Mit dem halbrunden Sonnendeck ähnelt der Grundriß des Hauses einem Schiff. Paneele aus grob behauenem Zedernholz, Bilder mit Meermotiven und der Ausblick aus den Fenstern unterstreichen das Leitmotiv Meer – zum ersten Mal steht das Haus in Einklang mit seiner Umgebung.

1

1, 2 Dieser Anbau, der direkt an die Küche anschließt (siehe 2), dient als Wintergarten. Die Fenster aus den 30er Jahren, die zwischen der Holzkonstruktion angebracht wurden, stammen aus dem Wohnzimmer. Das Glasdach wird durch Markisen aus gestreifter Leinwand verdeckt.
Da der Anbau ursprünglich als Gewächshaus geplant war, bestand der Boden anfangs nur aus Zementblöcken, die in

2

die Erde gesetzt worden waren und zwischen denen das Wasser von den Pflanzen ablaufen sollte. Als sich die Bayleys entschieden, die Küche und den Anbau zu einem Raum zu verbinden, legten sie auf die Zementblöcke zu Platten zusammengenagelte Holzbohlen, die zum Saubermachen hochgehoben werden können.
Da die Familie sich die meiste Zeit in diesem Raum aufhält, wurde er mit gemütlichen alten Stühlen und einem stabilen Eichentisch eingerichtet.

3

3 Das vergrößerte Wohnzimmer enthält den alten Kern des ursprünglichen Schauspielhauses. Das alte Steildach wurde mit Zedernholzbrettern ausgekleidet. Dasselbe Holz wurde auch an den Decken und Wänden im Eßzimmer und in der Küche verwendet; es ist sehr widerstandsfähig und braucht keinen Schutzanstrich. Anstelle der ursprünglichen Kiefernholzbretter, die jetzt den Küchenboden bilden, wurde hier ein Teppichboden verlegt. Dafür wählten die Bayleys diese helle beige Farbe, da die intensive Sonne kräftigere Farben ausbleichen würde.
Wegen des herrlichen Blicks über die Bucht wurden hier die alten Fenster herausgerissen und große, doppelt verglaste Schiebetüren eingesetzt, durch die man auf das halbrunde Sonnendeck aus Redwood gelangt. Die alten Fenster wurden im Wintergarten eingesetzt.

4 Im Eßzimmer, das nach Osten liegt, wurden die Trennwände zur Treppe (siehe 2) und zur Küche herausgerissen.
Dieser Raum wird hauptsächlich im Herbst und Winter genutzt, wenn es zu kalt ist, um draußen zu essen. Er ist ebenso einfach eingerichtet wie die übrigen Räume. Die Decken und Wände sind mit Zedernholz verkleidet; die Decke wurde weiß gestrichen, um das einfallende Licht besser nutzen zu können. Am Boden wurden Bretter aus Gelbkiefer – einem harten Nadelbaumholz – verlegt.
Der Eßtisch stammt aus einer Bücherei; in den Schubladen wurden früher Landkarten aufbewahrt. Er mußte wegen der sehr tiefen Schubladen etwas umgebaut werden, damit man darunter mehr Beinfreiheit hat. An den Wänden hängen gerahmte Bilder mit Fisch- und Meeresmotiven, die Bob in einem leerstehenden Haus fand. Die Rollos mit dem davon abstechenden Besatz nähte Joan selbst zusammen.

4

5

5 Die Küche sieht wie eine übergroße Kombüse aus. Die Holzkonstruktion in der Mitte, die die wichtigsten Geräte beherbergt und in der Kochbücher und Glaswaren aufbewahrt werden, wurde eigens von einem Tischler gebaut; darauf wurden mexikanische Fliesen verlegt. An einer Wand ist die Spüle angebracht, hinter der gegenüberliegenden befindet sich eine geräumige Speisekammer. Unter der Durchreiche zum Wohnzimmer sieht man eine Arbeitsfläche aus Marmor zum Ausrollen von Teig.
Da der Raum zu dunkel war, wurde die Holzdecke nach einigen Jahren weiß gestrichen. In Vertiefungen in der Decke wurden Strahler eingesetzt.
Der Boden besteht aus Gelbkieferbrettern; außerdem wurden hier Bretter aus dem Eßzimmer verwendet. Da sie bei einer Überschwemmung unter Wasser gestanden hatten und mit Salz gesättigt waren, konnten die Dielenbretter nur schwer abgeschmirgelt werden. Zum Schutz wurde der Holzboden mit Polyurethanlack versiegelt.

Falls Sie einen Anbau anlegen wollen, sollten Sie genau überlegen, wo er angebracht werden soll. Bedenken Sie dabei nicht nur die Auswirkung auf Aussehen, Beleuchtung und Belüftung, sondern auch auf das Innere des Hauses. Hier wurde das Wohnzimmer verbreitert, die Küche wurde um den Wintergarten verlängert. Durch die beiden Anbauten wurde letztendlich die Kreuzform des Grundrisses nicht verändert, so daß die Verbindungswege zwischen den Räumen in der alten Form erhalten blieben.

6 Das Zimmer des 8jährigen Ryan wurde mit Tapeten, die er selbst auswählte, tapeziert. Vor den Fenstern mit den Kippeinsätzen hängen selbstgefertigte Rollos. Sie schützen im Sommer vor der Sonne und halten im Winter die Wärme im Zimmer.
Auf dem polierten Holzboden liegt ein indianischer Teppich. Damit man auf ihnen nicht ausrutscht, sollten Teppiche mit einer Unterlage versehen sein.

6

7

7 In den Fächern dieses Holzkastens sind die Spielsachen gut aufgehoben. Der Kasten stammt aus einem Postamt in Maine und diente zum Sortieren von Briefen. Mehr Platz ist in den zwei Kommoden darunter. Bob erstand sie während seines Architekturstudiums, als er beim Umbau eines Krankenhauses mitarbeitete. In den kleinen Schubladen wurden ursprünglich medizinische Proben aufbewahrt.

8

9

8 Durch die Schiebetüren aus Glas gelangt man vom Elternschlafzimmer auf das Sonnendeck, von dem man einen herrlichen Blick über die Bucht hat. Die Schlafzimmerwände sind türkis gestrichen; diese Farbe – die Lieblingsfarbe Bobs – findet man auch an anderen Stellen im Haus. Die hübschen weißen Korbmöbel geben dem Raum ein sommerliches Aussehen. Eines der Stücke wurde in der Garage gefunden, der Rest stammt von Bobs Familie.

9 Das große Badezimmer verbindet Altes mit Neuem. Das Waschbecken und der Sockel stammen von einem Nachbarn, der sein Badezimmer renovierte. Obwohl die Badewanne recht verrostet war, behielten die Bayleys sie und brachten eine Verkleidung aus Birkenholz an, die auch als Stauraum dient – das Ablagebrett läßt sich hochklappen. Die runden Wandleuchten aus Milchglas sorgen für eine gleichmäßige Beleuchtung.

Die drei Entwicklungsstufen vom Schauspielhaus bis zum geräumigen Strandhaus.

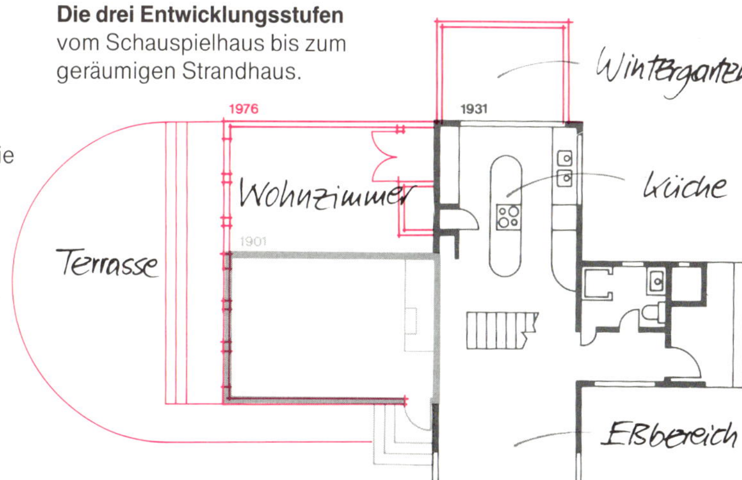

Spielerisch denken

Durch einen Fachmann lassen sich oft Kosten sparen, vor allem bei der Umgestaltung einer Wohnung. Als sich Joyce Turner, die Besitzerin dieser Erdgeschoßwohnung, an den Architekten Trevor Horne wandte, um sich beraten zu lassen, wie eine große feuchte Stelle behandelt und die Küche neu eingerichtet werden könne, lieferte er eine Lösung für beide Probleme und dazu das Konzept für eine Umgestaltung der Wohnung – zu praktisch denselben Kosten.

Die Wohnung war in den 70er Jahren sehr schlecht renoviert worden und hatte dabei viel an Charakter verloren. Vom Wohnzimmer aus sah man auf eine unaufgeräumte Hinterhofwerkstatt, vom gegenüberliegenden Schlafzimmer auf eine laute Straße; die dazwischenliegenden Räume – Flur, Toilette und Bad – waren so ungünstig angelegt, daß nur wenig Platz für die Küche blieb. Wegen der verschachtelten Anlage und wegen der wenigen Fenster wirkte die Wohnung »introvertiert«, unbehaglich und beengend.

Nach der Umgestaltung der beiden größeren Räume und durch die offene Verbindung sieht die Wohnung jetzt geräumiger aus. Da wegen der feuchten Stelle sowieso eine Wand herausgerissen werden mußte, war die Umgestaltung nicht mit größerem Kostenaufwand verbunden. Nach Trevors Plan wurde die Wohnung sozusagen umgedreht: im früheren Schlafzimmer ist nun das Wohnzimmer, im früheren Wohnzimmer nun ein Schlaf- und Arbeitszimmer; der Flur wurde verkleinert und dafür eine große Küche mit einem Eßbereich geschaffen, in dem sich Joyce gerne mit Gästen aufhält. Durch die offene Verbindung zwischen Wohn- und Schlafzimmer entsteht der Eindruck von Geräumigkeit, zudem wird das einfallende Licht besser ausgenützt.

Trevors Konzept umfaßte auch die Gestaltung der Details. Damit der neue Holzboden nicht durch Rohre unterbrochen wird, sind die Heizkörper oberhalb der Bodenleisten an die Versorgungsleitungen angeschlossen; im Bad wurden die Bodenleisten in Wandvorsprüngen versenkt, so daß noch mehr Bodenfläche genutzt werden kann.

Durch die zurückhaltende Ausstattung kommt deren Klarheit voll zur Geltung. Mit den maßvoll verwendeten, etwas luxuriöser Materialien hat sich Joyce ihren alten Wunsch, »über ihre Verhältnisse zu leben«, erfüllt.

1

1 Die Küche liegt in der Mitte der neu gestalteten Wohnung. Sie ist mit der Eßecke verbunden, so daß Joyce, die gern Gäste hat, auch beim Kochen immer bei ihren Gästen sein kann. Die drei Küchenelemente wurden in einer Werkstatt angefertigt und exakt in die Nische eingepaßt. Das Grundgerüst ist aus preisgünstigen Materialien, wie z. B. Sperrholz. Anschließend wurde darauf eine passend gestrichene Verblendung aus Kiefernholz angebracht, so daß die Elemente aus massivem Holz zu sein scheinen – zu einem Bruchteil der Kosten. Der Backofen wurde in einen Wandschrank eingebaut, darunter ist genug Platz für Pfannen und Töpfe. Im gegenüberliegenden Wandschrank ist der Kühlschrank verborgen. Durch ein ausziehbares Hackbrett wird die Arbeitsfläche vergrößert. Von dem praktischen Holzgestell kann das Geschirr nach dem Abwasch gleich in die Spüle abtropfen. Die Ausstattung ist verhalten und etwas formell und erhält durch die Wahl der Materialien eine luxuriöse Note. Die Platte auf der Theke ist aus 40 mm dickem schwarzen Granit, die Wasserhähne aus Messing stammen von einem Altwarenhändler.
Wenn die Strahler in der Nische ausgeschaltet sind, wirkt der Raum durch die grauen Wände und die symmetrisch angebrachten Deckenfluter wie ein elegantes Eßzimmer.

2

Diese Wohnung zeigt, wie man an den richtigen Stellen spart, um für wichtige Details erstklassige Materialien verwenden zu können. Die Granitplatte vervollständigt hier eine ansonsten recht billige Küche; der Parkettboden, der einen Großteil der Kosten ausmachte, ist wirkungsvoller als irgendein anderes Element; die Türgriffe und -scharniere sind aus Messing; das Eßzimmer wurde auf den Eichentisch hin angelegt, den Joyce bereits besaß.

2 Diese Verbindung zwischen Wohnzimmer und Flur war recht teuer. Um die reizvolle Flügeltür aufnehmen zu können, mußte die Türöffnung normaler Größe verbreitert werden.
Zuerst kaufte Joyce die Flügeltür aus der Zeit Edwards VII. bei einem Altwarenhändler und ließ dann die Öffnung entsprechend verbreitern – dadurch sparte sie Zeit und Geld. Die Einrichtung ist sehr schlicht – weiße Wände und ein neuer Parkettboden aus Eiche, der die Wohnbereiche verbindet. Der durch nichts verstellte Blick durch die ganze Wohnung schafft ein völlig neues Raumgefühl.
Restaurieren heißt nicht »zurück in die Vergangenheit«. Auch durch Details, wie Türen oder Wasserhähne, kann der Eindruck und die Wirkung einer bestimmten Stilepoche erzeugt werden, ohne daß umfangreiche Veränderungen nötig sind. Bei Altwarenhändlern, die alte Häuser »ausschlachten«, findet man oft zeitgenössische Elemente und Materialien, die noch in sehr gutem Zustand sind – und wenig kosten.
Es lohnt sich auch, sich zuerst zu informieren. In Nachschlagewerken und anderen Büchern über Architektur findet man meist die gesuchten Informationen, z. B. über das genaue Aussehen von Details oder über verwendete Farbtöne. Auch der Vergleich mit noch intakten entsprechenden Häusern und Wohnungseinrichtungen kann sehr hilfreich sein.

3

3 Das Badezimmer hat zwar keine Fenster, aber wegen der geschickt angebrachten Details und Spiegel wirkt es hell und geräumig, was bei kleinen Räumen sonst selten der Fall ist.
Der Spiegel in der Nische betont das davor angebrachte Glasregal. Der von Leuchtstoffröhren flankierte Spiegel mit Mahagonirahmen und die Messingwasserhähne geben dem Bad ein sehr stilvolles Aussehen.

4

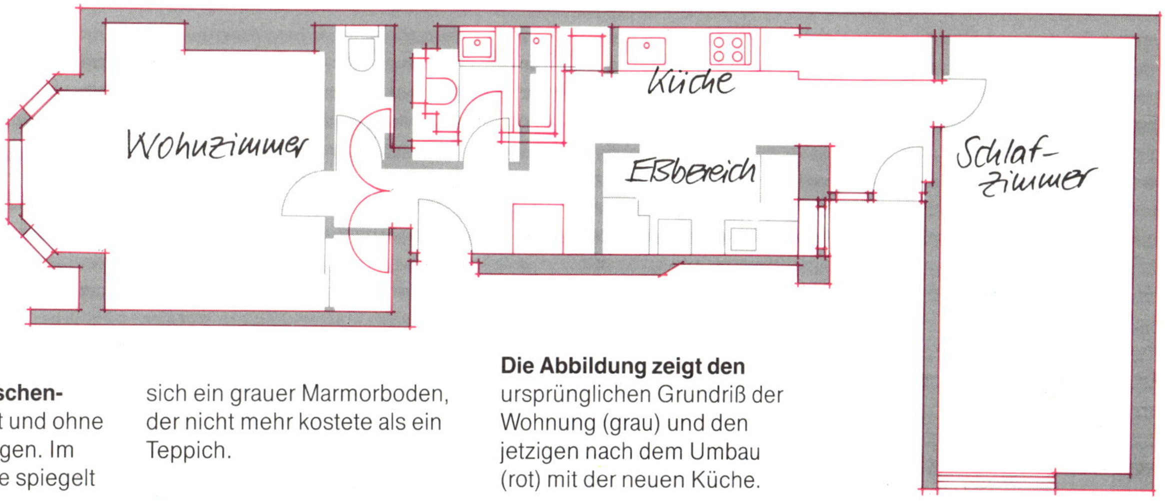

4 Die schräge Zwischendecke ließ sich leicht und ohne große Kosten anbringen. Im Spiegel an der Decke spiegelt sich ein grauer Marmorboden, der nicht mehr kostete als ein Teppich.

Die Abbildung zeigt den ursprünglichen Grundriß der Wohnung (grau) und den jetzigen nach dem Umbau (rot) mit der neuen Küche.

Besuch in der Vergangenheit

Häuser im Stil vergangener Zeiten haben oft etwas Selbstbewußtes. Die Gefahr dabei ist, daß sie wie ein zwar detailgetreues, aber lebloses Museum wirken können. Da Häuser meist ihre ersten Bewohner bei weitem überdauern und im Lauf der Zeit verändert werden und neue Funktionen erhalten, ist ihre Einrichtung oft die Summe verschiedener Stilepochen, deren Elemente von verschiedenen Bewohnern zu verschiedenen Zeiten zusammengetragen wurden. Auch dieses georgianische Bauernhaus, in dem sich Elemente aus verschiedenen Jahrhunderten finden, hat diese besondere Note, die nur die Zeit verleiht und nicht allein durch Antiquitäten zu erreichen ist.

Als Robert Kime und Helen Nicoll dieses etwa 1740 erbaute Haus aus roten Ziegeln kauften, war es in einem erschreckenden Zustand. Das Haus hatte seit dem Krieg leer gestanden, und es waren umfangreiche Reparaturarbeiten notwendig. Bei der Renovierung ließ sich Robert von der Tatsache leiten, daß das Haus während der Zeit Edwards VII. so sorgfältig erweitert worden war, daß man – wegen der exakt zueinander passenden Ecksteine, Ziegel und Fugen – die Nahtstellen nicht erkennen konnte. Mit Hilfe von Mary Lou Arscott, einer befreundeten Architektin und Tischlerin, wurden die zum Teil erheblichen Veränderungen durchgeführt, ohne den Charakter des Hauses oder dessen reizvolle Unregelmäßigkeit zu beeinträchtigen.

Bei der Einrichtung mußte berücksichtigt werden, daß Helen, die Kinderbücher schreibt, viel zu Hause arbeitet und daß zwei Kinder – Hannah und Tom – da sind. Hier konnte Robert, ein Innenarchitekt und Antiquitätenhändler, seine Vorstellungen in die Praxis umsetzen und eine gelungene Mischung verschiedener Stile und Epochen schaffen. Sein Interesse für alte Stoffe zeigt sich an den alten Vorhängen und Teppichen, deren feine Musterung den Räumen Tiefe verleiht.

Nur weniges ist »wie neu«, dafür aber unterstützen die schon etwas verblichenen Stoffe und einige Anzeichen von Abnutzung die entspannte Atmosphäre.

Das Haus macht einen harmonischen Eindruck, weil keine Stilepoche auf Kosten anderer dominiert. Dadurch kann das Haus auch in Zukunft noch weiter verändert werden, ohne an Charme zu verlieren.

1

1 Im Pflanzenzimmer wurden die »gotischen« Fenster mit den Buntglasfeldern und Kupferleisten, die aus einem alten Landhaus stammen, zu Schiebefenstern umgebaut, so daß man sie bei schönem Wetter öffnen kann. Die Wände wurden mit grauer und rosa Tünche gestrichen. Die Drähte dienen als Spalier für die im Boden eingesetzten Kletterpflanzen. Als Boden wurden einfache Ziegelsteine auf einem Sanduntergrund verlegt; in den Fugen kann das Wasser ablaufen. Durch das Ziegeldach bleibt der Raum auch im Sommer angenehm kühl und wird daher gern als Eßzimmer genutzt.

2

2 In der Spülküche am Fuß der Hintertreppe sind die größeren Haushaltsgeräte untergebracht, so daß es in der Küche nicht so laut ist. Die Spüle mit dem Porzellanablauf stammt aus Frankreich.

3

Zum Restaurieren eines alten Hauses sind meist umfangreiche Umbauten notwendig – und am Ende stellt man dann oft fest, daß die neuen Baustoffe und handwerklichen Techniken und die ursprünglichen überhaupt nicht zueinander passen. Es empfiehlt sich daher, alte Materialien aus Abrißhäusern und Schuttabladeplätzen zu verwenden und sorgfältig darauf zu achten, daß die Farben und Details zusammenpassen. Es lohnt sich oft auch, einen Fachmann hinzuzuziehen, der etwas von den alten handwerklichen Fähigkeiten versteht. Hier wurde eine Scheune aus dem 18. Jahrhundert – das heutige Pflanzenzimmer (siehe 1) – mit den alten Ziegeln wiederaufgebaut; das Dach wurde mit handgefertigten viktorianischen Tonziegeln gedeckt. Auch im Haus wurden gebrauchte Fenster, Kamine, Wasserhähne und gußeiserne Heizkörper verwendet, die billiger und weniger auffällig sind als modernere.

3 Das Wohnzimmer – das frühere Eßzimmer – liegt in einem Anbau aus dem Jahr 1904, der gekonnt mit dem Haus verbunden wurde. Die Farben im Wohnzimmer nehmen die des abgetretenen indischen Teppichs aus dem 18. Jahrhundert wieder auf, über dem jetzt ein zweiter, nur wenig besser erhaltener liegt. Der Raum, der vor allem im Winter genutzt wird, ist in einander ergänzenden Mustern und Farbtönen gestaltet, die von Details, wie dem persischen Wandbehang, den bestickten Kissen und den Samtvorhängen, herrühren. Die neutrale blaugraue Farbe der Wände wurde eigens zusammengemischt. Der ursprünglich gelbe Sofabezug wurde in der Waschmaschine blau gefärbt und noch feucht überzogen, damit er nicht eingeht. An den Messingbilderleisten aus dem 19. Jahrhundert unterhalb des Deckensimses können Bilder in beliebiger Höhe aufgehängt werden, ohne häßliche Spuren an den Wänden zu hinterlassen.
In England sind offene Kamine

4

meist an Außenmauern, in Frankreich dagegen an Innenwänden angebracht. Daher mußte Robert, der den Kamin an einer Innenwand anlegen wollte, einen ausreichend breiten Kamin – um die Wände vor der entstehenden Hitze zu schützen – in Frankreich besorgen. Die Umrandung aus weißem Marmor, die mit dem klaren Stil der baulichen Details ein Einklang steht, ist dagegen nicht typisch französisch.

4 Dieses bequeme Wohnzimmer schließt direkt an die Küche an (siehe 5). Kokosfasermatten, die in allen Wohnräumen verlegt wurden, sind ein billiger und praktischer Bodenbelag. Seine warme, strukturierte Oberfläche bildet einen unauffälligen Hintergrund für die alten Teppiche. Den schon recht mitgenommenen Kaminvorleger erstanden Robert und Helen bei einer Auktion; trotz seiner seltenen Sonnenradmusterung war der Teppich wegen seines Zustands nicht unerschwinglich teuer.
Der offene Kamin aus dem 17. Jahrhundert wurde neu eingebaut; als Kamingitter dient ein etwas abgestoßenes, lederüberzogenes Gestell. Zu beiden Seiten des Kamins stehen Korbstühle von Lloyd Loom mit ungewöhnlichen Armlehnen und Beinen aus Holz.
Das Porträt rechts neben der Tür, das von dem mit dem Paar befreundeten Maler Mark Wickham stammt, zeigt Helen, wie sie am Küchentisch sitzt; im Hintergrund ist dieses Wohnzimmer zu sehen. Der »Spiegeleffekt« des Bildes trägt zur intimen Atmosphäre des Raumes bei.
Robert ist nicht besonders glücklich über die bräunliche Farbe der Wände, die abends recht matt und langweilig wirken. Bevor er sich für eine Farbe entscheidet, wartet er immer ab, wie die Einrichtung aussieht und wählt dann einen Hintergrund, der die Einrichtung ergänzt.

5

6

7

5 Den Mittelpunkt des Hauses bildet die mit einem Wohnzimmer kombinierte Küche. Dieser geräumige Raum – der ehemalige Salon – wird allen Anforderungen der vierköpfigen Familie gerecht. Der Tisch stammt aus Irland; er ist mit einer 2,4 × 1,5 m großen Marmorplatte bedeckt. Die Anrichte, die die gesamte Wand einnimmt, war ursprünglich noch länger und mußte entsprechend zurechtgestutzt werden. Auf den Borden sind Krüge, Glaswaren und Geschirr angeordnet, in den Schubladen ist genug Platz für die verschiedensten Dinge – von Brot bis zu Flickarbeiten. An den Fenstern hängen keine Vorhänge – im Sommer wird das Licht durch die Kletterpflanzen vor den Fenstern gedämpft. Die Steinplatten, aus denen der Flur zusammengesetzt wurde, dienten früher als Straßenpflaster.

6 Das Badezimmer, zu dem man vom Elternschlafzimmer über eine kleine Treppe gelangt, verbindet Zweckmäßigkeit mit Bequemlichkeit. Die rosa und weiß gemusterten Tapeten bilden einen hübschen Hintergrund für die gerahmten »Valentinsgrüße« aus Muscheln, die Matrosen aus der Karibik ihren Liebsten schenkten. Der Vorhang ist eine Plattstichstickerei aus dem 18. Jahrhundert. Der Handtuchhalter und das Waschbecken wurden gebraucht erworben.

7 Die moderne Porzellanwanne wurde mit Mahagonitäfelung, die aus einer alten Bank stammt, verkleidet. Ein ehemaliger Kleiderschrank aus Satinholz dient jetzt als Wäscheschrank.

8

Erzeugnisse aus vergangenen Jahrhunderten – Häuser, Möbel, Gegenstände – erfreuen sich wieder großer Wertschätzung. Originalstücke haben Seltenheitswert – durch die gestiegene Nachfrage ist es etwas kostspielig, eine Wohnung mit Antiquitäten einzurichten. Trotzdem muß das nicht unerschwinglich teuer sein, wenn man sich an Spuren von Abnützung, wie verblichenen Farben, ausgefransten Stoffen oder Rissen in der Oberfläche, nicht stört.

8 Den Mittelpunkt des Elternschlafzimmers bildet dieses Bett aus dem 19. Jahrhundert mit dem ursprünglichen Chintzkopfteil. Die Baumwolldecke strickte Roberts Mutter nach einer alten Anleitung. Der Kleiderschrank aus Satinholz stammt, wie der aus dem Bad, von Holland and Sons, den führenden Möbeltischlern im England des frühen 19. Jahrhunderts.
Auch hier nimmt die Einrichtung die warmen Farben des Teppichs aus dem 19. Jahrhundert wieder auf. Der helle sandfarbene Anstrich der Wände wurde durch Beimischen von gebrannter Umbra zu einer neutralen Grundfarbe erzielt.

9 Das größere der beiden Gästezimmer ist im Arts- and Crafts-Stil eingerichtet. Das Muster der Willowleaf-Tapete, die sechs verschiedene Farben enthält, wurde von William Morris entworfen. Die präraffaelitischen Tafelbilder zeigen die vier Jahreszeiten.

10 Im zweiten Gästezimmer steht dieses Bett, dessen Chintzkopfteil aus dem 19. Jahrhundert zum Muster der Vorhänge paßt. An den Wänden hängen gerahmte Stickereien.
Gästezimmer werden oft mit Stücken eingerichtet, die in keinen anderen Raum passen. Hier wurde auf die Gestaltung der Gästezimmer ebenso viel Sorgfalt verwendet wie bei den übrigen Räumen – wenn Sie schon Zimmer für Gäste haben, sollten sie auch einladend aussehen.

9

10

Die meisten Vorhänge hier sind aus alten Stoffen. Wie die Teppiche waren sie in ziemlich schlechtem Zustand und mußten restauriert werden. Daß dies so gut gelungen ist, ist Margaret Thompson, einer talentierten Näherin, zuzuschreiben. Die alten Stoffe sind wesentlich stilechter als moderne Reproduktionen mit der gleichen Musterung. Viele dieser alten Stoffe enthalten bis zu zwanzig verschiedene Farben und passen somit farblich in jede Umgebung. Ihre subtile Farbvielfalt findet man selten in neuen Stoffen, da bei der modernen Herstellung bedruckter Stoffe jede zusätzliche Farbe die Kosten erheblich erhöht. Die pflanzlichen Farbstoffe, mit denen die Stoffe früher bedruckt wurden, verblassen sehr langsam, wodurch die Stoffe mit der Zeit ein weiches, zartes Aussehen bekommen. Chemische Farbstoffe dagegen verblassen viel rascher, so daß die aufgedruckten Muster bald ihre ursprünglichen farblichen Werte verlieren.

Empire-Einflüsse

Bei der Wohnraumknappheit in Manhattan bestehen viele Wohnungen nur aus einem Raum, der für alle Tätigkeiten – Wohnen, Essen, Schlafen und oft sogar Arbeiten – genutzt wird. Aber auch wenn jeder Quadratmeter kostbar ist, muß das – wie dieses Beispiel zeigt – nicht zu Lasten von Stil und Bequemlichkeit gehen.

Diese Wohnung liegt im 14. Stock eines erst kürzlich umgewandelten, früher für industrielle Zwecke genutzten Gebäudes. Von hier aus hat man einen guten Blick auf den Hudson River und das Empire State Building. Das gestalterische Konzept für dieses Loft beruht darauf, daß zu der sonnigen Lage kräftige Farben passen; daher sind die Farben schwarz und Mauve-grau ein wichtiger Bestandteil der Einrichtung.

Seine ganz auf Nützlichkeit ausgerichtete Vergangenheit kann dieses Loft nicht ganz verbergen, wie man an der Sprinkleranlage, den Stahlbetonbalken und dem fast völligen Fehlen von Details sieht. Als Gegengewicht dazu integrierte der Architekt Ed Caroll, dem die Wohnung gehört, daher an drei Stellen runde Formen – in der Küche, an der Seite des Flurs und neben dem Kamin.

Diese Rundungen bilden auch den Rahmen für eine Sammlung von Antiquitäten im Empirestil. Typisch für diesen im frühen 19. Jahrhundert in Frankreich entstandenen Stil ist seine klassische Schlichtheit, die durch klare Formen, sanfte Rundungen und spärliche Dekoration gekennzeichnet ist.

Einträchtig stehen hier neben den Antiquitäten ein Sofa aus den 40er Jahren, ein hochmoderner Teewagen, ein Stuhl von Marcel Breuer und ein runder Glastisch aus den 30er Jahren. All diesen Stücken sind die zur Atmosphäre des Lofts passenden klaren Linien gemein.

Dieses Einzimmer-Apartment mit Einbauküche und abgetrenntem Bad und Ankleidezimmer wird für mehrere Zwecke genutzt; darin findet sich sogar ein kleines Büro mit Zeichenbrett und Aktenregal. Sobald das Atelier, das auf dem Dach eingerichtet wird, fertig ist, wird das Büro allerdings dorthin verlegt. Aber bereits ohne einen zusätzlichen Raum zeigt dieses Loft mit seinem selbstbewußten Farbkonzept und den klaren Linien, was man selbst aus einem begrenzten Platzangebot machen kann.

1

1, 2 Die Küche besteht aus einem freistehenden Tresen mit emaillierter Stahlplatte, der die eingebaute Küchenausstattung verbirgt. Der Tresen selbst ist aus Holz, das mit schwarzem Resopal verkleidet wurde. Die gebogene Form wiederholt sich in der Überdachung aus Gipskarton. In den Spiegeltüren an den Schränken über der Arbeitsfläche spiegeln sich die in der Überdachung versenkten

2

Strahler und der Blick über den Fluß, wodurch der Eindruck von Tiefe vorgetäuscht wird. In den Schubladen mit den Chromgriffen an der Rückseite des Tresens ist reichlich Platz für Besteck und Küchengeräte. Die kunstvollen Lampen, deren Sockel passend zu den Wänden gestrichen wurden, stammen aus einer Versteigerung zugunsten der Heilsarmee. Im Bereich hinter der Küche sind Wandschränke, ein Badezimmer und eine Ankleidekammer untergebracht.

3

In Wohnungen mit nur wenig Bodenfläche erhalten die Wände eine wesentlich größere Bedeutung als Ausstellfläche, da eine kleine Wohnung, in der eine Anzahl von Objekten auf Tischen oder anderen Oberflächen steht, schnell vollgestellt aussieht. In diesem Apartment sorgen Bilder für die notwendige Innenausstattung, ohne dabei Stellfläche zu beanspruchen. Die sorgfältig ausgewählten Bilder wurden nach Form und Farbe und nach Inhalt zusammengestellt.

3 An der Wand links vom Küchentresen steht eine französische Couch. Sie ist mit Moiréseide überzogen, deren grüne Farbe sich im Gemälde des bekannten amerikanischen Malers Edward Melcarth wiederholt, das Ruderer nach einem Rennen zeigt. Die gerahmte Zeichnung darunter – der Entwurf für ein Gemälde – stammt ebenfalls von Melcarth. Es stellt Arbeiter beim Essen an einer Theke dar und erinnert an die Abendmahlszene bei Leonardo da Vinci. Das Konzept für dieses Apartment beruht vor allem auf der Verwendung kräftiger Farben. Eds vorherige Wohnung war völlig weiß gestrichen, da sie sonst zu dunkel gewesen wäre; für diese Wohnung mit der ständigen Sonneneinstrahlung durch die Süd- und Westfenster fand er kräftigere Farben geeigneter. Die Betondecke wurde weiß, die Wände und die tragenden Balken dagegen in Mauvegrau gestrichen. Auf diesen ungewöhnlichen Farbton stieß Ed, als er einen Katalog mit Farbproben durchblätterte. Die mattglänzende Farbe, die er nach einer Rezeptur zusammenmischen ließ, verändert sich wegen ihres Reflexionsvermögens sehr stark mit dem Licht. Sehr wirkungsvoll ist auch der Bodenbelag. Im gesamten Apartment wurde ein strapazierfähiger schwarzer Linoleumboden verlegt.

4

4 Der Hauptwohnraum hat eine Fläche von lediglich 7,6 × 7,6 m, trotzdem sind darin noch ein Büro und ein Schlafraum untergebracht. Empire-Möbel und dazu passende moderne Stücke schaffen eine Einheitlichkeit, ohne die der Raum in verschiedene, zusammenhanglose Teile zerfallen würde.
Vor den Fenstern waren ursprünglich schwere Stahlgitter angebracht, die beim Umbau entfernt wurden. Die bis zum Boden reichenden Vorhänge sind aus schwerer Malerleinwand. Mit ihrer hellen Farbe und den etwas steifen Falten sehen die Vorhänge fast wie marmorne Säulen aus. Weitere Weißtupfer stammen von der italienischen Tagesdecke auf dem Empire-Sofa und dem Fell, das die Wirkung des schwarzen Bodens etwas mildert.
Da das Loft im obersten Stockwerk liegt, war es ein leichtes, einen offenen Kamin anzulegen. Der Rauchabzug aus Stahl an der Stirnwand und der Kamin wurden mit Gipskartonplatten verblendet. Die abgerundete Ecke des Kaminvorsprungs schwächt die kantigen Formen des Raumes etwas ab. Über dem Kamin steht eine marmorierte Uhr auf einem Sockel aus bemaltem Sperrholz. Auf zwei weitere Sockel über dem weißen Sofa wurden vergoldete Empire-Lampen aus Bronze gestellt. Der Tisch aus den 30er Jahren im Vordergrund stammt von Eds Familie.

Auf verschiedene Weise kann man dafür sorgen, daß ein Raum, der für unterschiedliche Zwecke dienen soll, geschlossen wirkt. Wichtig ist vor allem eine einheitliche Farbgebung; auch Verkleidung kann nützlich sein. Hier wurde die Küche so gestaltet, daß sie sich in den Wohnbereich einfügt; die funktionelleren Teile verdeckt der Tresen. Der Schlafbereich besteht aus einem Bett, das mit der übrigen Einrichtung in Einklang steht.

5 

6

7 Auf dem Dach lehnt Ed an der Ecke, an der später eine Wendeltreppe den Wohnraum mit dem Dachatelier verbinden soll. Das Ende der Treppe ist an der Stelle geplant, wo jetzt die Kommode mit den Bauzeichnungen steht.

7

5 Eine Ecke des Raumes nimmt ein kompakter, aber gut ausgestatteter Arbeitsraum ein, von dem aus Ed sein Architekturbüro führt. Entlang der Trennwand ist als Arbeitsfläche eine 3 m lange Tischplatte angebracht, im rechten Winkel dazu ein Zeichenbrett. In den Schubladen der Metallkommode bewahrt Ed Bauzeichnungen auf. Der klassische französische Spiegel ist genau gegenüber dem Spiegel am Kaminsims (siehe 4) angebracht. Daneben hängen ein Modell des Ateliers und ein großer Kupferstich des italienischen Architekten Piranesi, das einen römischen Aquädukt zeigt.

6 Das »Schlafzimmer« besteht aus einem schlittenähnlichen französischen Bett aus den 30er Jahren des 19. Jahrhunderts. Der trommelförmige Nachttisch ist eine Antiquität aus Frankreich, der Spiegel am Kopfende stammt aus derselben Zeit, allerdings aus Amerika. Der Chromstuhl mit dem Überzug aus Ponyfell wurde von Marcel Breuer entworfen, einem recht produktiven Architekten und Möbeldesigner. Obwohl der Stuhl aus den 20er Jahren dieses Jahrhunderts stammt, paßt er mit seinen klaren Linien gut zu den älteren Stücken.
In der Wand dahinter wurde ein Bücherregal angelegt; die Wand bildet – außerhalb des Fotos – eine Kurve, die von der angrenzenden Wand wiederholt wird (siehe 2).

In einem Raum, der für verschiedene Zwecke genutzt wird, ist Flexibilität unerläßlich. Der moderne Teewagen und die Aktenschränke auf Rollen können nach Belieben verschoben werden. Trotzdem passen diese funktionellen Elemente vollständig in das farbliche Konzept – der Teewagen ist schwarz, die Aktenschränke aus Holz, die als Küchenschränke verwendet werden, wurden passend zu den Wänden gestrichen (siehe 1).

Ein zweites Heim

Ein Haus auf dem Land – das entspricht wohl der Vorstellung der meisten Menschen von dem Ort, an dem man sich am Wochenende vom hektischen Treiben in der Stadt und dem ständig klingelnden Telefon erholen kann. Zweitwohnungen sind heute nicht mehr nur Begüterten vorbehalten, daher besteht große Nachfrage nach kleinen Häuschen oder Bauernhäusern, die von der Stadt aus leicht zu erreichen sind. Wenn man an den Kauf eines solchen Hauses aber nicht mit der nötigen Sorgfalt und Planung herangeht, kann er sich leicht als Alptraum und ständige finanzielle Belastung herausstellen.

Was dabei zu beachten ist, wird an dieser zweistöckigen Regency-Villa deutlich, die Alison Cathie und Paul Whitfield, die beide berufstätig sind, als Zweitwohnung nutzen. Der erste und vielleicht entscheidende Faktor ist die Lage. Dieses Haus, das in einem kleinen Dorf inmitten einer hügeligen Landschaft und trotzdem nur wenige Minuten von einer Hauptverkehrsstraße und einem Bahnhof entfernt liegt, verbindet auf ideale Weise den Reiz des Landlebens mit leichter Erreichbarkeit.

Wie viele ähnliche Häuser war es in schlechtem Zustand. Die Renovierung selbst zu übernehmen, hätte bedeutet, über längere Zeit am Wochenende mit Arbeiten und nicht mit Abschalten beschäftigt zu sein. Daher beauftragten sie eine Baufirma mit den notwendigen Arbeiten. Susanna Cornwallis, eine befreundete Malerin, die in der Nähe wohnt, übernahm die Verantwortung für die Organisation – und nach drei Monaten war das Haus fertig.

Den neuen Besitzern lag daran, ein bewußt ländliches Aussehen zu vermeiden; außerdem sollte das Haus auch nicht als Abstellkammer für alte und schlecht zusammenpassende Möbel aus der ersten Wohnung enden. Statt dessen entschieden sie sich für eine kühle und erfrischende Schlichtheit und ließen ein helles und geräumiges zweites Heim schaffen, in dem einige alte Lieblingsstücke einträchtig neben Neuerwerbungen stehen.

Die Gefahr, bei der Zweitwohnung an den falschen Stellen zu sparen, ist groß. In diesem Haus wurde das durch sorgfältige Planung bei der Gestaltung und beim Etat vermieden. Heraus kam dabei ein zweites Heim, in dem man sich das ganze Jahr über wohlfühlen kann.

1

1, 2 Die Wohnküche bietet viel Platz, auch für Gäste. Durch die weißen Wände entsteht der Eindruck von Geräumigkeit, obwohl kein Raum größer ist als 4 × 4 m. Das zarte Blau der Fensterrahmen und die freundlichen Vorhänge erzeugen eine erfrischende ländliche Atmosphäre. Die Aquarelle und Drucke machen sich mit ihren unauffälligen Farbtönen und Ausmaßen sehr gut auf den hellen Wänden.

2

Auf dem einfachen Eßtisch aus Kiefer liegt eine Decke mit Paisley-Muster.
Für den neuen Parkettboden aus Douglastanne entschieden sich Alison und Paul, die einen praktischen, aber warm wirkenden Bodenbelag suchten, nachdem sie einen ähnlichen bei Freunden gesehen hatten. Er war nur wenig teurer als ein Fliesenbelag, hält dafür aber eine Ewigkeit und wird mit zunehmendem Alter immer reizvoller.

3 Der Ölofen, der das ganze Haus beheizt, war bereits eingebaut; um die Anordnung der Räume verbessern zu können, ließen ihn die neuen Besitzer aber in der Küche anbringen. Darüber hängen Pfannen und Töpfe an einer schmiedeeisernen Stange. Dadurch spart man Platz und Zeit – die Töpfe müssen nicht mehr abgetrocknet werden.
Durch einen neuen Türbogen, dessen Form sich im Oberlicht über der Eingangstür wiederholt, sieht man auf den Flur. Die quadratischen Kunststeinfliesen waren bereits vorhanden, mußten aber mit Stahlwolle abgeschrubbt werden. Zum Schutz wurden sie gewachst – Polyurethanlack würde sich verfärben und abgestoßen werden.

4 Die Küche – von der Eßecke aus gesehen. Um mehr Geld für anderes ausgeben zu können, behielten Alison und Paul die alten Möbel, ließen sie aber etwas verkleinern. Die Türen passen zu den Wänden, die Umrahmung ist in zartem Blau gestrichen. Das Abtropfbrett aus Hartholz und die tiefe Spüle sind neu.

3

4

Die Küche in der Zweitwohnung vollständig auszustatten kann teuer sein, ist aber unerläßlich, wenn man oft Gäste hat und nicht immer alles aus der anderen Wohnung mitnehmen möchte. Alison und Paul konnten viel Geld sparen, weil sie noch aus der Zeit vor ihrer Heirat einen Großteil der Geräte und Geschirr doppelt hatten. Die Töpfe stammen aus der Kombüse des Bootes, das sie einmal besaßen.

5

6

5 Im Schlafzimmer im ersten Stock erzeugt die weiße und hellgraue Ausstattung eine ruhige Atmosphäre. Der Holzboden ist mit mehreren Schichten weißer Farbe bedeckt, darauf liegt ein indischer Baumwollteppich. Alison kaufte das Bett direkt beim Hersteller, billiger als in einem Fachgeschäft. Die weiße Tagesdecke bildet einen reizvollen Hintergrund für die bestickte viktorianische Tischdecke – ein Geschenk von Pauls Mutter. Anstelle des Kopfteils wurde über dem Bett eine antike geschnitzte Holzplatte an der Wand befestigt. Sie bildete früher das Vorderteil einer florentinischen Truhe aus Walnußholz, die um 1600 gefertigt wurde.

6 Die Wohnzimmervorhänge mit dem Ananasmuster – einem beliebten Motiv aus der Regency-Periode – waren der Ausgangspunkt für das Farbkonzept der Einrichtung. Die Korbsessel waren die bequemsten, die Alison und Paul finden konnten; das Blau der Kissenbezüge wiederholt sich in den Delfter Keramiken auf dem Kaminsims. Der alte Steinkamin war noch intakt und mußte lediglich gereinigt werden. Als zusätzliches Detail wurde ein neuer Sims an der Decke angebracht.

Zwei verschiedene Haushalte müssen nicht unbedingt auch doppelte Hausarbeit bedeuten. Noch bevor die Verträge unterschrieben waren, fand Alison schon jemand aus dem Dorf, der sich die Woche über um das Haus kümmert und kommt, wenn man ihn dringend braucht.

Lebendige Erinnerungen

Das Sammeln von Möbeln und Objekten aus der jüngeren Vergangenheit ist ein weitverbreiteter und gewinnbringender Zeitvertreib. Inmitten von Trödel kann man auf Antiquitätenmärkten und in Second-Hand-Läden Stücke finden, die billiger sind als Originale und weniger selten, dafür aber kaum restauriert werden müssen und noch lange Zeit halten.

Diese Pariser Wohnung des Cartoonisten Fernand Zacot und von Murielle David ist nur mit Stücken aus den 30er Jahren eingerichtet. Nicht nur für Liebhaber der klassischen Ära von Hollywood hat diese Epoche hohen nostalgischen Wert. Art Déco stellt auch die Anfänge moderner Innenarchitektur dar und spiegelt die Faszination an den Formen des Maschinenzeitalters wider. Die kraftvolle und klare Geometrie dieser Epoche und die verwendeten Materialien, wie Chrom und Glas, sind auch heute noch lebendig. Auch wenn Stücke aus dieser Zeit zunehmend gesucht werden, gelang es Fernand, indem er abseits von etablierten Händlern suchte, für wenig mehr als den Preis eines Sofas die ganze Wohnung einzurichten. Sein Interesse für die 30er Jahre wurde durch eine Stehlampe aus glänzendem Messing geweckt, die die Vormieter beim Auszug zurückgelassen hatten. Bald darauf entdeckte er eine dazu passende Chromlampe und fing nun an, die Stände von Clignancourt und den riesigen Antiquitätenmarkt von Montreuil abzusuchen. Da Paris sozusagen das Zentrum von Flohmärkten ist, war es nicht schwer, passende Stücke zu finden, und so wuchs die Sammlung recht schnell. Über interessante Flohmärkte sollte man sich genau informieren.

Die Wohnung liegt im obersten Stock eines um die Jahrhundertwende entstandenen Hauses. An der Wohnung wurde nichts verändert, lediglich die Wände wurden weiß gestrichen. Der alte Parkettboden und die ursprünglichen Details, wie der offene Kamin, bilden einen geeigneten Rahmen für die Möbel im Stil der 30er Jahre.

Fernand und Murielle achteten streng darauf, nur Stücke aus einer Epoche zu verwenden – und nur Originale. Die Wohnung, die dadurch eine einzigartige Atmosphäre gewinnt, ist aber alles andere als ein Museum: alles soll sowohl benutzt als auch bewundert werden – und es stört auch nicht, wenn etwas abgenutzt wird.

1

1, 2 Auf beiden Seiten der Verandatüren mit den Farbglasfeldern sind in diesem Wohnzimmer Eckschränke eingebaut; einer davon ist ein *meuble cheminée* – ein Schrank mit eingebautem Kamin. Diese Schränke findet man übrigens in allen Wohnungen des Hauses.

2

Vor einem durchgängig weißen Hintergrund – sogar die Vorhänge sind weiß – ist die Wohnung mit Möbeln und Objekten aus den 30er Jahren eingerichtet. Den Anstoß zu dieser Sammlung von Originalstücken gab eine Stehlampe aus poliertem Messing, die die vorgehenden Mieter zurückgelassen hatten. Der Phonograph war ein Geschenk von Murielle; der kleine Beistelltisch neben dem Sofa, auf dem eine Leselampe aus Chrom und ein Radio stehen, stammt ebenfalls von den Vormietern.

3

4

3, 4 Das Eßzimmer und das Wohnzimmer sind durch eine Flügeltür verbunden, durch die man vom Wohnzimmer bis auf den kleinen Balkon sehen kann. Obwohl die Wohnung nur eine Fläche von 70 m² hat, entsteht durch die großen Veranda- und Flügeltüren der Eindruck von Geräumigkeit. Mit ihren intakten baulichen Details bildet die Wohnung einen gelungenen Rahmen für die Einrichtung – auch wenn sie nicht genau aus der gleichen Zeit stammt (das Haus wurde ca. 1900 erbaut), paßt sie doch hervorragend zu den Art Déco-Stücken. Die Wände, Simse und alle Holzteile und Tür- und Fensterrahmen wurden weiß gestrichen. Sie sorgen so für den neutralen Hintergrund, der in einer Wohnung, in der die Betonung auf den Möbeln liegt, erforderlich ist.

Wenn man nur Stücke aus einer Stilepoche verwendet, läßt sich eine einheitliche Einrichtung natürlich unschwer erreichen, auch wenn die Stücke aus verschiedenen Quellen stammen. Die für Art Déco charakteristischen Materialien – Holzfurnier und poliertes Chrom und Glas – sorgen für Harmonie in Farbton und Textur. Auch die Formen ergänzen einander – so werden z. B. die abgerundeten Tisch- und Stuhlkanten von den stufenförmigen Kanten des Sideboards wiederaufgenommen.

Anstelle bei etablierten Händlern, auch wenn sie sich auf die gesuchte Stilepoche spezialisiert haben, sollten Sie lieber auf Auktionen und Märkten Ihr Glück versuchen. Wegen des Umfangs der Materie ist es ratsam, sich zuerst gründlich über die Stilepoche, die Sie interessiert, zu informieren. Dazu gibt es eine Reihe guter Nachschlagewerke, mit deren Hilfe es Ihnen leichter fallen wird, aus der Masse des Angebotenen schöne Stücke herauszupicken.

5

5 Fernand in seinem Atelier. Das Art Déco-Konzept zieht sich durch alle Räume. Hier, in diesem kleinen Atelier mit dem stilechten Schreibtisch und dem drehbaren Schreibtischstuhl, entwirft Fernand seine Cartoons. Zu der Wohnung gehört noch ein Dachzimmer, das für Arbeiten mit Farbe und mit der Spritzpistole genutzt wird.
Die Porträts an den Wänden, die Fernand auf Flohmärkten wegen ihrer faszinierenden Charaktere kaufte, betonen die nostalgische Atmosphäre. Die Uhr mit dem Chromgehäuse auf dem Kaminsims ist Teil einer Uhrensammlung – weitere Stücke, von denen allerdings nicht mehr alle gehen, stehen auf dem Kaminsims im Wohnzimmer.
Da die Möbel erst 50 Jahre alt und aus erstklassigen Materialien sind und gut verarbeitet wurden, sind die meisten Stücke noch gut erhalten und mußten kaum restauriert werden. Daß einige Stühle wackeln, stört Fernand nicht so sehr – er legt mehr Wert auf Stiltreue als auf Perfektion.
Die meisten größeren Stücke fand er recht schnell, war aber auch bereit, längere Zeit nach den richtigen Stücken zu suchen. So fand er den passenden Lampenschirm für einen Lampenfuß zum Beispiel erst nach einem Jahr.

6 Im Flur der Wohnung hängt diese Garderobe aus Chrom, die alle Merkmale des Art Déco aufweist. Der Deckenfluter im Flur, das Gegenstück zu der Stehlampe im Wohnzimmer, war das erste Stück der Sammlung, das Fernand kaufte.
Der Parkettboden ist in allen Räumen gut erhalten. Seine Oberfläche verstärkt die warmen Farbtöne der Möbel. Um den geräumigen Eindruck der Wohnung nicht zu zerstören, wurden keine Teppiche verlegt.

6

Spiel mit Illusionen

In manchen Wohnungen hilft auch kein Stilwechsel mehr, hier kommen oft nur noch Umbauten in Frage. Dadurch gewinnen Sie nicht nur mehr Raum, sondern können auch völlig neue Aspekte Ihrer Wohnung entdecken.

Als Paul und Cathy Hodgkinson in diese Dachgeschoßwohnung zogen, war sie dunkel und bot wenig Raum. Es war so viel zu tun, daß sie gar nicht wußten, wo sie beginnen sollten. Zuerst ließ Paul, der Architekt ist, im Wohnzimmer die Decke herausreißen und ins darüberliegende Dach Fenster einsetzen. Dadurch erhielt das kleine Dachzimmer Höhe, Licht und Raum; zudem konnte nun der dringend benötigte zusätzliche Raum geschaffen werden.

Durch das Herausreißen der Decke wurde das Zimmer heller, und seine Proportionen wurden verbessert; zudem konnte unter dem schrägen Dach eine Plattform für einen Arbeits- und Abstellbereich angelegt werden. Für die weitere Gestaltung entscheidend war, daß dadurch auch die klassische Form der Stirnwand, die der Fassade griechischer Tempel stark ähnelt, zum Vorschein kam und Paul zum Leitthema für die Einrichtung anregte.

Wegen des geringen Etats und des eingeschränkten Raums entschieden sich Paul und Cathy für eine wenig Platz wegnehmende Dekoration, für besondere Streichtechniken und für Säulenimitationen. Die Wände wurden mit Hilfe eines Pinsels mit Farbe bespritzt – der Effekt der Mauerfugen und der Giebeldreiecke wurde durch Abdecken der Wände mit Klebeband erreicht. Säulen aus Faserplatten dienen als Bücherregale oder verdecken Lampen.

Auf dem warmen und hellen cremefarbenen Hintergrund wirken die Räume großzügiger. Durch die entsprechende Gestaltung des Spiegels, des Kamins und der Säulen erhält der Raum zusätzliche Plastizität, ohne daß dadurch die farbliche Harmonie gestört würde. Als Gegengewicht zur neu gewonnenen Höhe sind die massiven Möbel und die Sockel der Säulen in Schwarz gehalten.

Einige einfallsreiche Details lockern die strenge Formalität auf – die Mauerimitationen werden auch um Ecken herum fortgesetzt und brechen an einigen Stellen ab, so als hätte man mitten unter den Malerarbeiten aufgehört; ein weiteres witziges Element sind die unter einem Balken grinsenden Wasserspeier.

1

1, 2 Aus einem engen Dachzimmer wurde durch Herausreißen der Decke ein stilvolles und luftiges Dachatelier. Mit dieser baulichen Veränderung wurden die tragenden Balken und das Giebeldreieck sichtbar gemacht, dessen klassische Form zur Gestaltung des Raumes anregte.
Die wuchtigen Möbel auf dem cremefarbenen Teppichboden bilden ein visuelles Gegengewicht zur Höhe des Raums.

2

Die Sofas und die großen Tische wurden eigens entworfen und gefertigt – was nicht notwendigerweise teuer sein muß. Die Möbel sind so gebaut, daß sie auseinandergenommen werden können, weil man sie 87 Stufen bis zur Wohnung hochtragen mußte. Der Couchtisch aus Holzspanplatten ruht auf massiven Eschenholzkugeln, die auf einer Drehbank gedrechselt wurden.

3 Die zwei Wasserspeier – Kopien von Figuren an der Kathedrale von Lincoln – werden von einer in der Wasserschale darunter angebrachten Lampe angestrahlt. Die Figuren und die Schale wurden mit Hilfe eines Pinsels mit Farbe bespritzt, wodurch sie wie aus echtem Stein gehauene Skulpturen aussehen; diese Maltechnik wurde noch an anderen Stellen im Apartment angewendet.

3

4

4 Zu der Galerie mit der Eisenballustrade gelangt man über eine Leiter. Diese und die Ballustrade sind in schwarzer Glanzlackfarbe gestrichen. Die Formen der italienischen Stühle und des schwarzen Aschers aus den 30er Jahren mit den weißen Farbspritzern bringen eine reizvolle plastische Note in diesen Teil des Raums. Auf der Galerie ist genug Platz für einen Schreibtisch und Aktenschränke und für ein großes Gästebett.

Mit Hilfe von Spritzmalerei kann man interessant strukturierte Oberflächen, die z. B. wie alter Stein aussehen, erzeugen. Diese Technik ist zwar recht aufwendig, kann aber sehr wirkungsvoll sein. Um das Aussehen der »Steinmauer« und der Giebeldreiecke zu erzielen, mußte die Wand z. B. an den »Fugen« mit Klebstreifen, an anderen Stellen mit Zeitungspapier abgedeckt werden. Damit die umgebenden Materialien nicht auch Farbspritzer abbekommen, müssen sie ebenfalls abgedeckt werden. Zum Spritzmalen verwendet man meist einen großen Pinsel mit harten, gleichlangen Borsten, aber auch Zahnbürsten und Parfümzerstäuber sind recht wirkungsvolle Werkzeuge. Beim Spritzmalen ist die richtige Konsistenz der Farbe entscheidend – die Farbe muß flüssig genug sein, damit sie sich leicht vom Pinsel löst, andererseits aber so dick, daß sie auch an der Oberfläche haften bleibt.
Probieren Sie daher verschiedene Farben, Mischungsverhältnisse und Techniken aus. Sie können z. B. mit einem Finger oder einem Kamm über die Borsten streichen, mit dem Pinsel leicht gegen einen Holzstab klopfen oder mit einem Zerstäuber über die Oberfläche »nebeln«. Falls Sie mehrere Farben verwenden, lassen Sie die Farben immer erst gründlich trocknen, bevor Sie die nächste auftragen. Gehen Sie mit den durch Spritzmalerei erzeugten Effekten jedoch sparsam um – sie nutzen sich sehr schnell ab.

Der Couchtisch von Abbildung 1 wurde mit mehreren Schichten cremefarbener Emulsion grundiert und mit Craqueléelasur gestrichen. Darauf wurde türkise Ölfarbe gespritzt, und anschließend wurde die gesamte Oberfläche mit einer schwarzen Lasur bedeckt. Die Lasur wurde sehr schnell mit einem Fön getrocknet, so daß das rissige Aussehen entstand. Für den Eßtisch wurden dieselben Farben, aber in einer anderen Reihenfolge verwendet.

Der Rahmen des Spiegels und der Kamin aus Abbildung 2 wurden passend zu den Wänden mit einer Mischung aus cremefarbenen, türkisen, schwarzen und braunen Spritzern versehen; dazu wurde beim Spiegelrahmen anstelle eines Pinsels eine Zahnbürste verwendet. Die Spritzmalerei ist eine sehr vielseitige Technik, die bei Verputz, bei Holz, bei Möbeln – vorausgesetzt, die Oberfläche wurde entsprechend behandelt – oder auch bei Wänden angewendet werden kann.

5

6

5 Auf der gesamten Länge des Flurs wurden anstelle einer Decke Oberlichte eingesetzt, wodurch eine von oben beleuchtete Fotogalerie entstanden ist. In Einklang mit dem formellen farblichen Konzept wurden hier schwarze Seidenschnüre verwendet, um die Fotos am traditionellen Bilderrahmen, der wie die Rahmen ebenfalls schwarz ist, aufzuhängen. Die Fotos stammen von Cathy; sie verwendete dazu eine Großbildkamera, die für die exakte Wiedergabe baulicher Details besonders gut geeignet ist. Wie die Wasserspeier im Wohnzimmer bildet hier die Gipskopie eines Engels ein ungewöhnliches dekoratives Element. Ein gelungener Einfall war es, die Eingangstür außen schwarz, innen dagegen cremefarben zu streichen. Die mattschwarzen Türgriffe stammen aus Italien und waren – gemessen an herkömmlichen – relativ teuer.

6 Ein weiterer guter Einfall war es, einen Teil der Fliesen diagonal anzubringen – wodurch das sonst übliche Waagerecht-Senkrecht-Schema des Gittermusters aufgebrochen wurde. Dieser Effekt macht sich besonders gut in einfarbigen Räumen. Auch hier zeigt sich, wie sich mit einfachen Mitteln große Wirkung erzielen läßt – es war dazu nur etwas Geschick beim Schneiden der Fliesen erforderlich.

Pioniergeist

Weil Industriebetriebe und Handelshäuser – oft noch dazu in erstklassiger Lage – aus der Stadt abwandern, werden große, noch nutzbare Gebäudekomplexe frei, die sich meist gut in Wohnungen und Ateliers umwandeln lassen, wie dieses Beispiel aus New York zeigt. Ausgehend von SoHo, wo Anfang der 70er Jahre Künstler in ehemaligen Lagerhäusern Ateliers einrichteten, breiteten sich die sogenannten »Lofts« immer mehr auch in anderen Teilen von New York aus.

Als Melanie und Roger Franklin in dieses Loft zogen, waren sie die ersten, die in dieser Gegend wohnten – abends brannte in weitem Umkreis nur bei ihnen Licht. Roger hatte bereits in zwei Lofts gewohnt und fand diese ehemalige Druckerei durch einen befreundeten Fotografen. Er und Melanie waren vom Charakter des Gebäudes und der Platzfülle beeindruckt und wagten den Sprung von einem Wohnviertel in diese wenig wohnliche Gegend.

Die Wohnung selbst war in so schlechtem Zustand, daß das Paar und eine Reihe von Freunden erst einmal zwei Wochen lang Müll und Schutt entfernten. Um überhaupt abschätzen zu können, was er an der Wohnung hatte, ließ Roger alles weiß streichen – dazu wurden die Fenster und die Böden abgedeckt und eine große Spritzpistole verwendet. Wegen der Wärme, die er ausstrahlte, und wegen seines Aussehens wurde der Holzboden beibehalten, auch wenn er an manchen Stellen schon fleckig und ramponiert war. Die Fensterrahmen wurden vollständig abgebeizt und das zum Vorschein kommende Eichenholz mit Öl eingepinselt; die Rohrleitungen wurden bewußt offen sichtbar belassen.

Die Aufgabe, den hallenartigen Raum in eine Wohnung zu verwandeln, fiel Melanie zu. An einem Ende des Raums wurden das Schlafzimmer und das Bad abgetrennt. Im Rest des Lofts wurden mehrere Sitzecken angelegt, die alle einen eigenen Charakter haben. Der Gesamteindruck des Raumes wird durch die Farben und Muster der darin ausgelegten Kelims bestimmt.

In den letzten Jahren sind viele dem Beispiel der Franklins gefolgt und haben ringsum andere Fabriken u. ä. in Wohnungen umgewandelt. Diese lange Zeit unbewohnte und heruntergekommene Gegend entwickelt sich immer mehr zu einem wieder wohnlichen Teil New Yorks.

1

1 Diese Sitzecke unter den Fenstern bildet das repräsentativere der drei »Wohnzimmer« in dem geräumigen Loft. Rogers Sammlung alter Kelims beeinflußte stark die Wahl der Möbel – ihre geometrischen Muster und erdigen Farben werden von den Möbelstücken wieder aufgenommen. Die erdbeerroten japanischen Sessel kontrastieren zu den maulwurfsfarbenen Sofabezügen.

2

2 In der Eßecke steht dieser herrliche Regency-Tisch; der Walnußschrank aus Österreich mit seinen kunstvollen Schnitzarbeiten gehört einem Freund. Das große Gemälde an der Wand stammt von dem mit den Franklins befreundeten Künstler Jeffrey Lew; es mißt 2,4 × 1,8 m. Durch den Zwischenraum zwischen der Decke und der 2,4 m hohen Trennwand – dies ist die normale Höhe von Gipskartonplatten – fällt ausreichend Licht in die Schlafzimmer.

Große offene Räume werfen bei der Gestaltung besondere Probleme auf. Sie können allein durch ihre Größe beeindruckend und aufregend wirken. Wenn sie aber ohne sorgfältige Planung eingerichtet werden, kann es sein, daß sie den Betrachter schlichtweg erschlagen. Um überhaupt wahrgenommen zu werden, müssen Möbel, aber auch Bilder groß genug und auffällig sein – ein zartes Aquarell würde vor einer riesigen Wandfläche einfach verschwinden.
Durch Anlegen voneinander etwas abgetrennter »Zimmer« wirkt ein solcher Raum weniger riesig, und trotzdem bleibt einer seiner Vorzüge, der weite Blick durch den Raum, erhalten. Hier wurden sogar die Teppiche nach einem sorgfältig überlegten Konzept angeordnet; sie bilden eine durchgehende Linie durch den Raum und sorgen für Übergänge zwischen den einzelnen Bereichen.

3

3 Der Blick durch das Loft zeigt die Eßecke (siehe 2), die festangelegte Sitzecke (siehe 5) und die etwas repräsentativere vor den Fenstern (siehe 1).
An Stromschienen sind Punktstrahler zur Hervorhebung einzelner Details und größere Strahler zur Beleuchtung angebracht. Da es hier keine Klimaanlage gibt, wurden Deckenventilatoren eingebaut, deren funktionelles Aussehen hervorragend mit den Elementen, die noch aus der Vergangenheit des Lofts stammen, harmoniert.

4

5

4 Die Bibliotheksecke an der rechten Seite des Raumes wurde mit Familienandenken und Antiquitäten eingerichtet. Die dadurch entstehende intime Atmosphäre erinnert an die alter Clubs. Die Bücher, die die Nische »auskleiden«, sind auf Borden aus Birkenholz angeordnet.

5 Die festeingebaute große Eckbank wurde aus Gipfskartonplatten gefertigt, die zum Schutz mit Resopal verkleidet wurden. Darauf liegen lange Polster mit Kordsamtbezug. Roger und Melanie wählten für diese Ecke einen Couchtisch mit Glasplatte, durch die hindurch man auf den hübschen Kelim sieht.

Über den Dächern von Paris

Anders als in London mit seinen Reihenhäusern und Häuserblocks mitten im Zentrum wohnt man in Paris mehr in Apartments und nicht in Häusern. Hier haben die *quartiers* viel von ihrem Charakter bewahrt – sehr zum Nutzen auch der Stadt. Gleichzeitig sind dadurch aber die durchschnittlichen Pariser Wohnungen räumlich sehr beengt. Dieses kompakte und gut angelegte Apartment, das in den 60er Jahren auf dem Dach eines alten Hauses in einem der gefragtesten Bezirke gebaut wurde, bildet eine gelungene, moderne Lösung für das Problem, wie man als Familie in der Stadt wohnen kann.

Bereits beim Bau machte man sich die herausragende Lage über den meist sechsstöckigen Nachbarhäusern zunutze. An der Nordseite wurden zwei große durchgehende Fenster in die Wand und die Dachschräge eingesetzt, wodurch der Wohnbereich und das Zwischengeschoß viel natürliches Licht erhalten. Die Südseite führt auf eine Dachterrasse, von der aus man auf den Eiffelturm blickt – seitdem entlang des ganzen Turms Lampen angebracht wurden, ist es selbst in bewölkten Nächten in der Wohnung so hell wie bei Vollmond.

Valérie und Marc Duval, die bereits in dieser Gegend wohnten, entdeckten das Appartement zufällig durch eine Anzeige. Wegen ihres guten Zustands mußte die Wohnung nur neu gestrichen und eingerichtet werden. Dabei wurde im Wohnbereich der Teppichboden herausgenommen, unter dem ein guterhaltener Parkettboden zum Vorschein kam; die Wände wurden in verschiedenen Weiß- und Beigetönen gestrichen, um das einfallende Licht optimal zu nutzen. Ein kleiner Raum, der früher als Abstellkammer verwendet worden war, wurde in ein Kinderzimmer für das kleine Baby umgewandelt. Valérie, die in der Entwurfsabteilung einer Firma für Inneneinrichtung arbeitet, richtete das Appartement mit passenden modernen Möbeln ein.

Obwohl das Appartement wegen der großen Fenster und des Panoramablicks sehr geräumig wirkt, ist es nur 100 m² groß. Durch eine zurückhaltende Einrichtung und gut angelegte Aufbewahrungsmöglichkeiten wird der vorhandene, knappe Platz voll ausgenutzt.

Die gelungene Anlage dieses Apartments spricht für sich selbst.

1

1, 2 Blick auf das Wohnzimmer und das Zwischenstockwerk, das als Gästeschlafzimmer genutzt wird. Vor den großen Fenstern hängen keine Vorhänge – es gibt hier keine neugierigen Nachbarn, die hereinschauen könnten. Am anderen Ende des Raums liegt eine Terrasse mit Panoramablick über Paris.
Die Wohnung war in so gutem Zustand, daß nur ein neuer Anstrich nötig war. Die Wände

2

wurden mattweiß gestrichen, die Unterseite der Galerie mit Glanzlack – durch die reflektierende Oberfläche wird das einfallende Licht besser ausgenutzt. Damit der Raum nicht zu kühl und zu hoch wirkt, wurde die Decke in einem neutralen Beige gestrichen. Der Teppichboden wurde herausgerissen und dafür der Parkettboden restauriert. Die warme Farbe des polierten Holzes ergänzt die klaren Linien und glatten Oberflächen der Einrichtung.

3

3 Das Schlafzimmer erreicht man vom Wohnzimmer aus durch eine unauffällige Tür unter dem Zwischenstockwerk. Den Blickfang bildet die Plaid-Bettdecke mit ihren kräftigen Farben. Die Form der zwei Hocker am Fuß des Bettes wird in den ebenfalls zusammenklappbaren Nachttischen wiederholt. Hier wurde ganz offensichtlich Wert darauf gelegt, nur praktische und unaufdringliche Stücke zu verwenden.

4 Das kleine Kinderzimmer war der einzige Raum, der umgebaut werden mußte. Ursprünglich wurde der Raum – das abgetrennte Ende der Terrasse – als Abstellkammer genutzt. Durch die niedrige Decke (der Raum ist nur 2,2 m hoch) wirkt der Raum stark beengend. Um das Kinderzimmer einladender zu gestalten, ohne es dadurch noch mehr zu verkleinern, wurden die Wände weiß gestrichen und hölzerne Jalousielatten daraufgeklebt. Die mit Kunststoff beschichtete Platte entlang der Wand dient zum Wickeln und Anziehen des Babys.

5 Das Wohnzimmer ist mit sorgfältig ausgewählten Stücken eingerichtet, die das moderne Design der Wohnung ergänzen. Da unter dem Zwischenstockwerk für genügend Stauraum gesorgt ist, läßt sich im Wohnzimmer leicht Ordnung halten; zudem können dadurch die Möbel so angeordnet werden, daß sie ein Höchstmaß an Wirkung erzielen. Den einzigen kräftigen Farbtupfer im Raum bildet der rote Ledersessel. Der Tisch – eine Stahlkonstruktion mit Granitplatte – und sein Gegenstück, die an Mondrian erinnern, stammen von Jean Michel Wilmotte, einem vielversprechenden Innenarchitekten. Abgesehen von den gerahmten Lithographien, die die Opéra und den Place Vendôme zeigen, gibt es in diesem betont modernen Rahmen keine »älteren« Stücke.

4

5

Kontrastreich

Durch das gewagte Nebeneinander moderner Eleganz und verfallender Oberflächen liefert diese Wohnung ein witziges Beispiel für die Wirkung von Kontrasten. Mit den glatten schwarzen und chromfarbenen Gegenständen vor dem warmen Hintergrund der auf Alt getrimmten Wände setzen sich die Kontraste auch in Farbgebung und Textur fort.

Auf die Wände und die Decke des Wohnzimmers wurde die Farbe in verschiedenen Tönen mit Hilfe von Stoff aufgetragen, so daß es aussieht, als hätte sie sich mit der Zeit verändert. Die Holzpaneele, die Simse, die Tür und die Bilderleisten wurden schwarz gestrichen und dann marmoriert, wodurch das Schwarz weicher wirkt. In der Küche wurden – als raffiniertes ironisches Element – auf den Farbanstrich spinnwebartige Linien gezeichnet, die wie Risse im Putz aussehen. Am Kaminvorsprung wurde gar ein tiefer und langer Riß, der bis zu den Ziegeln geht, mit einem Meißel künstlich erzeugt – besorgniserregender kann eine Wand kaum aussehen.

Gegen diese Anzeichen von Verfall wurden die klaren Linien der Art Déco-Einrichtung gesetzt. Die Möbel sind ein Teil der Sammlung von Roger Britnell, dem diese Wohnung gehört. Er wählte nur die Stücke aus, die zu dem einfarbigen Konzept paßten oder daran angepaßt werden konnten – der Rest der Sammlung wurde eingelagert.

Da er kaum neue Möbel anschaffen mußte und die Farben nicht teuer waren, konnte er einen Großteil des Etats für exklusivere Stücke verwenden. So fand er z. B. die Steckdosen aus Chrom in Italien – sie waren zwar wesentlich teurer als herkömmliche, erschienen ihm aber nötig, um die Durchgängigkeit des Konzepts zu erhalten; ebenso teuer waren auch die mattschwarzen Rollos. Günstiger kam da schon der Wasserhahn in der Badewanne, der aus Messing war und den er verchromen ließ, und die gotisch wirkenden Fenster im Bad – die Bleimusterung wurde auf den mit dem Sandstrahler behandelten Fensterscheiben befestigt.

Trotz der vielen schwarzen Gegenstände macht die Wohnung einen hellen und geräumigen Eindruck. Die erdigen Farben der Wände und Decken werden vom Parkettboden bzw. dem cremefarbenen Teppichboden wieder aufgenommen und schwächen die Linien der Simse und Paneele etwas ab.

1

1 Der L-förmige Küchen-tresen trennt die Eß- von der Kochecke. Da Roger sich in der Wohnküche gern mit Gästen aufhält, richtete er sie in einem etwas repräsentativeren Stil ein. In den in zwei Reihen angeordneten Wandschränken ist Platz für Geräte und Geschirr. Damit die Wände »älter« aussehen, wurde eine Mischung aus Emulsionsfarbe, Spachtelmasse und feinem Sand aufgetragen.

2

2 In der Eßecke wurde ein einfaches Bücherregal mit Hilfe von Glastüren in eine hübsche Vitrine verwandelt. Bleileisten, die an das Glas geklebt wurden, und eine breite Zierleiste, die darüber angebracht wurde, runden das Aussehen der Vitrone ab.
In der Anrichte darunter ist die Waschmaschine untergebracht.
Auf die sandige Wandoberfläche wurden Risse gemalt.

3

4

5

6

Die Glasborde, die die einzelnen Elemente der Stereoanlage tragen, ruhen auf unauffälligen, fest verschraubten Winkelträgern. Trotz ihres unscheinbaren Aussehens sind sie ebenso stabil wie die sonst oft verwendeten, unansehnlich wuchtigen Vorrichtungen, die selten zur übrigen Einrichtung passen.

3 **In einer Ecke des Wohnzimmers** wurde eine Nische für die Stereoanlage angelegt. Die Nische wurde mit hölzernen Zierleisten versehen, die wie die Auskleidung der Nische mattschwarz gestrichen wurden. Plattenspieler, Kassettenrekorder und Verstärker ruhen auf unauffälligen Glasborden. Der Servierwagen aus den 30er Jahren sieht so aus, als sei er eigens für die an der Vorderseite mit Chrom verkleidete Lautsprecherbox gebaut worden.

4 **Der gezackte, tiefe Riß in** der Wand über dem offenen Kamin gibt dem künstlichen Verfall der Küche den letzten Schliff. Der Riß wurde absichtlich mit einem Meißel in die Wand gestemmt – er reicht bis zu den Ziegeln. Damit der Verputz nicht noch weiter zerbröckelt, wurde darauf Polyurethanlack aufgetragen. Den Kamin selbst ließ Roger neu anlegen – seine Vorgänger hatten nämlich den ursprünglichen herausgerissen und die Feuerstelle zugemauert.

5 **Eine Art Déco-Lampe und** die Chromfigur auf dem Lampensockel stechen von der schwarzen, marmorierten Holztäfelung deutlich ab. Alle vier Wohnzimmerwände wurden mit Nut- und Feder-Brettern getäfelt. Darauf wurde mattschwarze Farbe aufgetragen und darauf weiße und graue Striche gemalt und verwischt, um eine stilisierte Marmorierung zu erzeugen. Da die Farbe zuerst leicht glänzte, wurde sie mit glanzlosem Lack bedeckt.

Wenn Sie Ihre Wohnung neu gestalten oder in eine andere Wohnung ziehen, passen Ihre alten Möbel oft nicht in den neuen Rahmen. Seien Sie dann sehr wählerisch – verkaufen Sie Stücke, die nicht passen bzw. lagern Sie sie ein, und gestalten Sie andere passend um.

7

6 Das Wohnzimmer, das ursprünglich in zwei Räume geteilt war, ist sehr geräumig. Entgegen der sonst üblichen Anordnung der Sitzgelegenheiten wurden die Sessel hier in größerem Abstand voneinander an den Wänden aufgestellt, um die freie Bodenfläche im Raum zu vergrößern. Das Fernsehgerät ist in einer Nische untergebracht, die früher einen Kamin bildete. Durch die schwarzen, marmorierten Deckensimse, die Bilderleiste und die Täfelung wirkt der Raum sehr geschlossen; dazu tragen auch die plastischen schwarzen Jalousien bei. Als Gegengewicht zum strengen Stil der Details wurden die Wände mit Emulsionsfarbe in Ocker- und Beigetönen gestrichen und mit einem Stück Tuch abgetupft. Auf die Decke wurden ähnliche Farbtöne, vermischt mit Grau, aufgetragen und mit einem steiferen Tuch abgetupft. Die gewünschten Farbtöne wurden durch Beimischen von Künstlerfarben erzielt.

7 Als Badezimmerfenster wurden mit Sandstrahler behandelte Gläser eingesetzt, die gegen Blicke von außen schützen, aber ausreichend Licht durchlassen. Durch die aufgeklebten Bleileisten, die geschwungene Muster bilden, wirken die Fenster »gotisch«. Dazu passen die drei Holztafeln mit Schnitzarbeiten – ursprünglich Teile von Kirchengestühl –, die detailreiche Rahmen für die Spiegel bilden. Die Täfelung aus Nut- und Feder-Brettern wurde wie der Fensterrahmen mit einem dunklen, mahagonifarbenen Anstrich versehen und mit Lack versiegelt.
Die alte emaillierte Badewanne, die auf tatzenförmigen Füßen ruht, kaufte Roger gebraucht und versah sie mit passenden Wasserhähnen. Die Wasserhähne, die ursprünglich aus Messing waren, ließ er – dem Stil der Einrichtung entsprechend – verchromen, wodurch sie erheblich weniger als Originalstücke oder Kopien kosteten.

Abstellmöglichkeiten 39, 43
– Ausstellungsvitrinen 51, 125
– Badezimmer 44
– Kinderzimmer 80
– Küchen 18, 35, 43, 56, 61, 65–67, 71, 83, 95, 125
alte Stilelemente 10–15
Arbeitszimmer 108, 112
Art Déco 104–109, 124, 126
Art Nouveau 41, 65
Ateliers 19, 58–59, 74
Aussicht 60–63, 76–81
Ausstellungen 19, 96
– Regale 19, 43–44, 74, 126
– Vitrinen 51, 125

Badezimmer 44, 63, 85, 91, 115, 127
– mit alten Stilelementen 11
– minimalistische 36–37
Badewannen 37
Bauarbeiten 25
Bauernhäuser 100–103
Beleuchtung 50, 79, 118
– natürliche 59
Bibliotheken 119
Bücherregale 119
Büros 19, 47, 99

Chinoiserien 28, 31

Dielen 7, 34, 52, 71, 108–109, 114–115
– mit alten Stilelementen 11
Decken 20, 31, 53, 75, 79, 85, 110–111
Drapierungen 50–51

Eßzimmer/Eßecken 56, 62, 78, 107, 117, 125
– mit alten Stilelementen 13
– Bauernhäuser 101
– Farbgebung 18

Flure 7, 34, 52, 71, 108–109, 114–115
– mit alten Stilelementen 11
Fußböden 61, 71, 78, 96, 101
– Anstrich 29
– minimalistische 33, 42

Galerien 27, 31, 112, 121
– Schlafzimmer 25, 31
Gartenzimmer 87
Geräuschisolierung 34
Geschirrschränke 12–13, 18, 21, 32, 35, 43, 62
große Räume 70, 118

Heizkörper 15
Heizungen 81
Herde 102

Installationen 37

Jugendstil 41, 65

Kamine, offene 13, 23, 28, 33, 49, 97, 126
– Art Nouveau 41
Kinderzimmer 80, 122
kleine Zimmer 48–53
Küchen 25, 35, 56, 65–67, 79, 83, 91, 95, 102, 125
– mit alten Stilelementen 12
– Arbeitsflächen 35, 43
– Ausstattung 102
– Farbgebung 18
– getäfelt 71–72
– im Keller 61
– kleinräumig 42
– Kombüse 52

Leitungen 37

Malerarbeiten 16–21
– abblättern 55
– abtupfen 20
– auftupfen 16–17
– Farbe entfernen 66
– Fußböden 29
– Marmorimitationen
– Möbel 29
– mit Schablonen 31
– Spezialtechniken 50–51
– Spritzmalerei 113
– Tönungen 70
– tüpfeln 20
– verrückte Effekte 113
Marmorimitationen 21
Mehrzweckräume 47, 80, 97, 99
Metallarbeiten, Anstrich 29
Mezzanine 112, 121
Mietwohnungen 55
Minimalismus 7, 32–37, 38–47

Oberlichte 59, 110

Regale 19, 43–44, 74, 126
Rouleaus 13, 50, 52–53

Schablonenmalereien 31
Schlafzimmer 52, 55, 72, 75, 80–81, 92, 103, 122
– Farbgebung 20–21
– Galerie 25, 31
– Mehrzweckraum 47, 80, 99
– wenig Platz 21, 92
Schulhäuser 26–31
Simse 67, 69, 75
Spiegel 11, 23, 28–29
Spülküchen 87
Strukturvariationen 59
Studios 19, 58–59, 74

Treppen 20, 55
– Farbgebung 20
– Wendeltreppen 27
trompe l'œil 27

Umbauten 63
Umwandlungen 38–48, 95–99, 116–119

Vergrößerungen 76–81
Vorhänge 13, 50, 55, 62, 72, 93, 97

Weiß als Thema 38–47
Wendeltreppen 27
Wintergärten 23, 77
Wohnzimmer/Wohnbereiche 23, 41, 51, 62, 69, 78, 88–91, 97, 103, 105, 111, 122, 126–127
– mit alten Stilelementen 14–15

Zweitwohnungen 100–103
Zwischengeschosse 22–25
– Galerien 27, 31, 112, 121
– Mezzanine 112, 121

Elemente aus früheren Epochen (S. 10–15): Jerry Hewitt (Architekt); Angela Hewitt-Woods (Innenausstattung)
Zwischenstockwerke (S. 22–25): Carl Falck (Architekt); Robert Alder (Küchendesign); Simon Brady (Anstrich)
Wieder in der Schule (S. 26–31): Graham Carr (Design und malerische Effekte)
Lebenskunst (S. 32–37): John Pawson (Architekt)
Zufluchtsort (S. 54–59): Don Kaufman (Farbgebung)
Neu zusammengesetzt (S. 64–67): Pedro Guedes of Berman und Guedes Architects (Design und Montage)
Schiffsform (S. 76–81): Robert T. Bayley (Architekt)
Spielerisch denken (S. 82–85): Horne Architects
Besuch in der Vergangenheit (S. 86–93): Mary Lou Arscott (Architekt)
Empire-Einflüsse (S. 94–99): Ed Carroll (Architekt und Designer)
Spiel mit Illusionen (S. 110–115): Simons Design Consultants; Nick Welsh und Claire Maclean (Spezialdekoration); P. R. Hodgkinson (Möbeldesign)
Kontrastreich (S. 124–127): Giuseppina de Camillo (Zeichnungen und Wandmalereien); R. W. Philips (Wandmalereien); John Ebdon (malerische Effekte)

Die Verleger und Autoren danken für freundliche Unterstützung:
Vivienne Bateson, Pierette Pompon Bailhache, Gille Bouchez, Karen Bowen, Catherine Carpenter, Walter Chatham, Bénédicte Cartigny, Fiona Dunlop, Hilary French, June Goldberg, Nicolas Goldsmith, John Hurley, Martin Lazenby *(für architektonische Beratung)*, Maggie Malone, Robert Marino, Edward Marshner,Sarah Miller, Randy Ostrow, Bobby Queen, Suzanne Slesin, Charlotte Smith and Polly Wreford.